谨以此书献给黄裳先生诞辰九十五周年

黄裳手稿五种

凌济 编

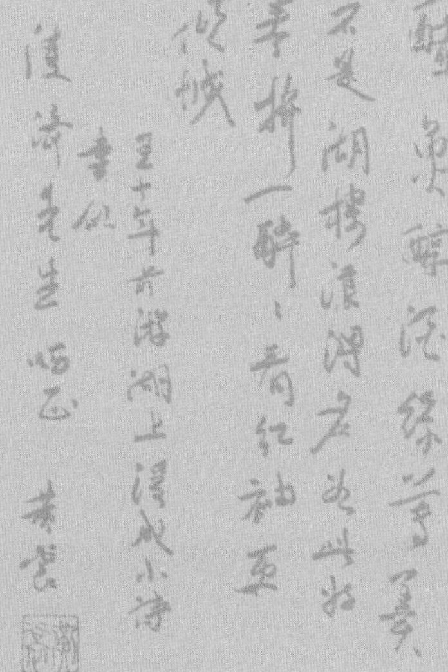

齊魯書社

图书在版编目（CIP）数据

黄裳手稿五种 / 凌济编 . — 济南 : 齐鲁书社 , 2014.9
ISBN 978-7-5333-3169-6

Ⅰ. ①黄… Ⅱ. ①凌… Ⅲ. ①黄裳（1919 ~ 2012）–手稿
Ⅳ.① C52

中国版本图书馆 CIP 数据核字 (2014) 第 148302 号

黄裳手稿五种

凌济 编

主管单位 山东出版传媒股份有限公司
出版发行 齊魯書社
社　　址 济南市英雄山路189号
邮　　编 250002
网　　址 www.qlss.com.cn
电子邮箱 qilupress@126.com
营销中心 （0531）82098521　82098519
印　　刷 山东德州新华印务有限责任公司
开　　本 889 mm × 1194 mm　1/16
印　　张 11.5
插　　页 2
版　　次 2014年9月第1版
印　　次 2014年9月第1次印刷
标准书号 ISBN 978-7-5333-3169-6
定　　价 89.00元

黄裳先生像

目录

目录

落叶时节忆黄裳（代序）

2012年9月6日傍晚，当我像往常一样，收看上海东方卫视的《东方新闻》，忽然从荧屏下方的滚动新闻中看到了一条令我不敢相信的噩耗："著名散文家、藏书家、一代报人黄裳5日晚在上海瑞金医院逝世，享年93岁。"直到我张大眼睛，又重看了两遍这条反复播出的新闻后，方确信黄裳先生真的离开了我们，离开了这个世界。

第二天一早我即赶到单位（齐鲁书社），与总编辑一起拟定了本社唁电，连同自己的悼辞"惊悉我敬仰并一直给予我和齐鲁书社大力支持的黄裳先生仙逝，不胜悲痛，谨请代我向黄先生亲属表示诚挚的哀悼和慰问"，通过手机短信，一起发给了与黄裳先生及亲属关系密切的上海友人，请他转致黄裳先生故乡山东出版人的深切悼念之情。

倏忽间黄裳先生逝世已两个多月了，这期间，由于我迄今不会上网搜阅有关信息，只能从今年为读黄老文章而订阅的《东方早报》（近年来黄裳先生在此报发文颇多）和友人寄赠的《开卷》等报刊上阅读有关的纪念文章；自己也不时取出有黄裳先生题识手迹的著作来如对故人；还整理出黄裳先生的部分书信，有数十封，借以从已成浮光掠影的记忆中，去搜集并写出自己心目中的真实的黄裳先生。然而由于时间久远，虽百感交集，却只能就记忆所及，写出与黄裳先生交往的片断，作为迟到的纪念。如今已是深秋，寒冬逼近，落叶纷飞，遍地金黄。不由地想到往年我编《藏书家》时，曾为黄裳先生连载《来燕榭书跋》设一专栏《书林一叶》，而今人去叶落，不胜惆怅。

我有幸与黄裳先生相识并交往是由于一个偶然的时会。1982年秋，我应邀到江苏淮安参加"《西游记》学术研讨会"。会前，我曾到上海办事，在福州路上海古籍书店访书时，买到北京三联书店新出的也是黄裳先生在“十年浩劫”后的第一本书话集——《榆下说书》，等赶到淮安时，新书已读大半。会议期间，未想到黄裳先生与王辛笛、潘际坰两位先生也短暂与会，令我喜出望外。中间休息时，我将带到会场上的《榆下说书》请黄裳先生签名，记得黄裳先生当时怔了一下，接着便欣然在书前护页上题写：“为周晶同志题并请指正。黄裳　一九八二．十．七　淮安。”不知不觉间已是30多年前的往事了。

记得“文革”前，我从中学生直至入伍，曾读过黄裳先生撰著的《论水浒戏及其他》、《西厢记与白蛇传》及校理的《玉簪记》，是他著作的一位热心读者；“文革”后又从新创刊的《读书》及其他报刊上读到他的书话、游记类作品，一直为他融会文史、博通古今、纵横驰骋、挥洒自如的文风所吸引，读他的散文，读他的书，犹如品味精美的文化大餐，可获得精神上的美好享受。而从此以后，我有幸从黄裳先生的一位读者，转变为具有读者、编辑双重身份与一位德高望重的老作家、学者交往的关系，而这种关系是可遇而不可求的。

在20世纪八九十年代，我每到上海，必去拜访黄裳先生。黄裳先生在陕西南路的居所可谓闹中取静，每次从旋转楼梯上到三楼，总是黄裳先生应门。印象中的黄裳先生不善言谈，但在他的眼镜片背后，却总能感受到他睿智的目光。黄裳先生话语不多，曾有两三次忧心忡忡地对我说，他那些在“文革”中被劫掠去的藏书，至今仍有许多书没有按政策退回。他在给我的第一部书稿《前尘梦影新录》所写的《前记》中，对“文革”所谓“按照‘政策’没收我的全部藏书”仍心有余悸，留下了终生的心灵上的伤痛。

然而说起黄裳先生藏书，我倒想起一件往事。在认识黄裳先生一两年后，有一次我去上海，正赶上上海古籍书店举办古旧书展销会，人头攒动，在二楼长桌上有一部衬页上写有黄裳先生的长跋的古书待售（写此文时未找到当年日记，书名版本已记不清，只记得标价800元，在当时属高价），在二楼楼梯口，适与也来书市参观的黄裳先生邂逅，他对满腹狐疑的我说，这部旧藏是他早年为换米果腹而散出的，不在“文革”抄没之列。而我后来无意中却真的得到一部恐怕是他“文革”中被抄没散出的书。那是1996年岁末，也是一个偶然的机会，我从上海古籍书店以廉值意外地淘得一部黄裳先生旧藏（书前没有黄裳先生藏印，却钤有“上海图书馆”、“上海市文物清退小组图书退还章”二朱印，我是黄裳先生《清代版刻一隅》的责编，对此二印太熟悉了；书后有黄裳先生朱墨二段题识）——清末木活字印本《补篱遗稿》

八卷四册。不久，我将此淘书奇遇函告黄裳先生。他回信说："您所买我的旧藏书，不知何以流入市肆，旧藏零散者多矣，我亦不能道其种种，可为一叹。"（1997年5月14日信）

黄裳先生20世纪50年代初曾在济南书肆见过一厚册大方型本白棉纸印晚明木刻版画集《东方三大图》，是明代徽派名刻工镌刻的东海、泰山和孔子的所谓"东方三大"图画，180多页，嗜爱明代版画作品的他与这部晚明版画巨制失之交臂，一直耿耿于怀。黄裳先生嘱我在济南帮助探访此版画集的下落。后来，我从济南著名藏书家张亦轩先生那里，获悉此《东方三大图》后被章丘某氏购得，之后又下落不明。我即函告黄裳先生，迄今却留下一部明版画集是否尚存留人世间的悬念。

黄裳先生《清代版刻一隅》问世数年后，黄永年、贾二强两位先生编纂的《清代版本图录》也出版了。关于二书的区别，黄裳先生在给我的信中指出："此书（《清代版本图录》）……意在求备，而不弃通常书本，我的'一隅'则反是，所求几尽是不常见者。黄君对'珍本秘笈'颇有微词，而斤斤于'代表性'者，此即与我著书用意最大区别所在，亦不可代替'一隅'之要点也。"（1997年5月14日信）由此也可见黄裳先生的藏书理念和旨趣。

当然，不管是拜访黄裳先生与之交谈，还是在长期的通信往还中，黄裳先生给我留下印象最深的还是他对山东现代著名学者、作家如王献唐、王统照、李广田等先生著作整理出版的关心和重视，要我帮助寻找已出版的他们的著作。甚至到2009年，还"忆五十年代初我参加老根据地访问团曾过济南，抽暇访山东图书馆（按此处黄裳先生记忆有误，应为山东省文物管理委员会，王献唐先生时任山东省文物管理委员会副主任），得晤王献唐先生，得观馆藏，临别以一油印本《由渝迁返善本书目》（油印本）见赠，其中颇多佳册，如士礼居跋藏本等"（2009年6月□日信），对故乡，对乡贤，仍一往情深。同时，黄裳先生对山东的文化建设，对齐鲁书社出版工作也高度关注，倾力支持，并以自己的著作能在山东出版为荣。现摘录几段他读我赠齐鲁书社所出新书的感受："惠赠（王）献唐先生遗书四种，甚谢。此四种书皆尚未上市，得快先睹，尤以为快也。印数甚少，赔本必多，对贵社此种从事文化积累不计盈亏之精神，极为佩服。"（1986年9月17日信）"惠赐渔洋精华录注（《渔洋精华录集注》）两册，谢谢。此亦乡贤著作，少翻阅。见校订精审，至佩。"（1993年6月30日信）"海源阁目（《订补海源阁书目五种》）两册亦收到，谢谢。此目编制甚善，材料丰富，向所未知，因为亟亟求之。今得惠赐，少加翻阅，始知其佳。

铭感无既。”（2005 年 5 月 15 日信）……当黄裳先生《前尘梦影新录》在齐鲁书社出版后，又从我的去信中“知《一隅》（《清代版刻一隅》）列入今年出版计划，甚幸。……《新录》（《前尘梦影新录》）承印出，想赔累不少，至今不安。总之，贵社能为出版学术书尽力，在今日自属难得，我是山东人，能得出书于桑梓之地，亦幸事也”（1991 年 1 月 15 日信）。

在我二三十年的编辑生涯中，能认识黄裳先生，能组到反映他高深的版本学造诣并沁透着他一生藏书心血的《前尘梦影新录》和《清代版刻一隅》这两部重要书稿并为之出版，自认为是莫大的幸事。特别是在我从策划到编辑《藏书家》的十多年时间里，他不顾年高体弱，一直给予我真诚的鼓励和支持，他的《来燕榭书跋》几乎与前十六辑《藏书家》相始终。每当他来信说“抄不动了”，或在电话中说想中辍一两辑连载，我便以“读者要看”或乡情“要挟”他，不久老人的抄稿（复印件）又寄来了。现在回想起来，虽有些歉然，但仍会感动得热泪盈眶。

新世纪之后，黄裳先生的《前尘梦影新录》、《清代版刻一隅》又在外省重新出版，前书还是仿原稿线装影印，黄裳先生都不忘将此新版二书签名赠我，足见黄裳先生即使对晚辈也是平等相待，重情重谊。

记得 2012 年 9 月 7 日上午，我与黄裳先生长女容洁女士通话时，她曾说，黄裳先生对他能在晚年“终于踏上了故乡的土地”，实现了其一生中一大心愿，很高兴，念念不忘。黄裳先生曾来信嘱我阅他发表于《收获》杂志上的《还乡日记》。中国有句老话，叫“叶落归根”。我想在这落叶时节，黄裳先生在天之灵，当会如归根的落叶，仍眷恋桑梓，魂归故乡。

附记：2012 年 9 月 6 日《东方早报》在文化版第一版用整版篇幅刊出石剑峰的长文，较详细地介绍刚逝世的黄裳先生的生平事迹，其中有一段专谈“黄裳”笔名的来历：“黄裳之名的得来缘由有两说，一是艳说——与黄宗英有关，说他当时是有‘甜姐儿’之称的女明星黄宗英的忠实‘粉丝’，有天忽发奇想，以‘黄的衣裳’之义取了‘黄裳’这个笔名……另一说是容鼎昌的中学同学、黄宗英的哥哥黄宗江自述，说是当年他爱戏，容鼎昌遂跟他说唱戏得有个艺名，于是便自作主张地帮他起名‘黄裳’，可黄宗江觉得这个名字太过华丽……没用，没想到，后来这名字倒成了容鼎昌的笔名，且一直叫到恂然老者。对这些说法，黄裳都一笑置之，似乎未见肯定，亦未见否定。”就此，我借这篇纪念文章之后再提供“黄裳”此笔名的第三说。

黄裳先生在济南有位老同学、老朋友，叫蒋仁渊，是民国时期曾任教育部长、北京大学校长蒋梦麟的儿子。在黄裳先生《还乡日记》中被称为“C”：“C是我的老同学。先是在重庆的学校里，后来在昆明、在印度，我们都在一起。他是电机系的教授，但喜欢看佛经，至今还是单身，就这样一个人独居着。在昆明，在南京，我们都是游侣，曾跑遍了许多名胜遗迹。这次来山东，也多半是出于他的鼓动。”但多年以前，由于屡不见蒋先生复信，黄裳先生有些担心，便来信（使用少用的彩印笺纸）委托我代他去探望蒋先生。几经打听，我在原山东工业大学（现已并入山东大学）经十路宿舍找到了蒋仁渊先生。他当时已80多岁，又矮又瘦，虽已耳有点儿聋，但健谈。谈起黄裳先生，他滔滔不绝。据他讲，黄裳先生年轻时也爱说话，否则，他如何做记者？关于“黄裳”这一笔名，蒋先生说，因为在抗战后期，在云南，他与黄裳先生给盟军当翻译官，都穿着黄色军装，所以黄裳先生便用“黄裳”作为自己写作的笔名。我对此说法颇感兴趣，便急忙写信向黄裳先生报告蒋先生平安，同时，也将他老同学所说的“黄裳”笔名由来的说法向他求证，不想黄黄裳先生复信时对此一说不置一辞，“未见肯定，亦未见否定”，给后人留下一待解之谜。

关于蒋仁渊先生，据他讲，他于20世纪50年代初便来济南在这所工科学校执教，但由于他是跟蒋介石逃到台湾的蒋梦麟之子，其命运便可想而知，凡有“运动”，他必是“斗争”、“打倒”的对象。为不累及妻孥，他终身未婚，他的遭遇远比黄裳先生坎坷。我邀请他为《藏书家》写篇关于黄裳先生的文章，他笑着谢绝说：“已拿不动笔啦！”他记忆中的许多有关黄裳先生的故事，没能被挖掘出来，很可惜。他曾对我讲，他唯一的心愿，就是有生之年到台湾先父墓前祭奠一番。不久，蒋先生因病住进医院，神智不清，不认人了。据悉，2012年上半年，蒋先生已经辞世。到临终，不仅他唯一的心愿无法实现，而且连当年同穿黄军装当翻译官的老同学也不知是否能预闻？唉，命运多舛的他们那一代人！

周 晶

2012年11月30日写讫

2013年1月19日补定

写在前面

对父亲说

每日晚饭后，到了给父亲打电话的时间，便坐在电话机旁，不知做何，一种空寂之痛压在心头。没有能够在父亲最需要自己的时候陪伴在旁的愧疚，紧紧缠绕着我，久久不能松开……一只淡咖啡色的蝴蝶扑打着玻璃窗，我猛然一惊……那是您吗，爸爸？

装一盆子父亲喜欢的水果，摘一串院子里树上结的红豆，点上两支清烛，对着父亲慈爱的脸，我又和父亲促膝交谈了……这回，都是父亲听我说。

“爸爸，一路上走得好吗？ 爸爸关照我说走时要穿布鞋……脚上的布鞋好使吗？ 那是李济生伯伯女儿给您买的。”

“爸爸，见着妈妈了吗？ 我天天为您祷告，求让您和妈妈团聚在安乐园里。爸爸，找到妈妈了吗？”

爸爸关照我把爸妈的骨灰拌在一起，撒入大海，我还没有办这事。原因一是撒骨灰要到民政局登记，等待有船出海的通知；原因二是我仔细掂量了爸爸的话，是爸爸不想给后人添麻烦。我选了一个上好的双穴盒，让您和妈妈住在一个屋檐下，待我和容仪老了，跑不动了，就按您的意思，把您和妈妈的骨灰拌在一起，撒入大海。

“这事这样办，行吗？爸爸满意吗？”

爸爸关照我说遗容化妆要好一点儿。爸爸化的是淡妆，爸爸的脸虽然凉，却是软软的，很安详，像是在睡觉中……

爸爸穿的是五月里新做的呢子裤，我为爸爸生日买的新衬衫，一件浅灰色薄羊毛衫，因为找不到合适的外衣，爸爸外面穿的是一件两年前我买的还没有穿过的新呢大衣。

“这样行吗？ 爸爸喜欢吗？”

爸爸的告别仪式没有登广告，还是来了百十人和无数的红玫瑰、白玫瑰、紫罗兰……人们从报纸和电视新闻中得知爸爸过世了。巴金家的人、巴金研究会、巴金故居、《文汇报》都来人了。爸爸的朋友来了不少，多是文化圈中人物，也是爸爸的粉丝，因为我不认识，很多脸和名字对不上。

"爸爸都看见了吗？ 还有亲戚朋友的第二代，爸爸看见了吗？"

爸爸曾说希望有两个漂亮女儿站在左右。爸爸是得了两个女儿，只是平平，不如妈妈漂亮。那天为爸爸告别仪式站门的是 W.W.R. 和 W.W.X.，容仪童年玩伴中最漂亮的两位大家闺秀，50 岁开外的她们除了美丽，更有气质。

"由她们给来客配发鲜花，爸爸高兴吗？满意吗？"

爸爸交给我的写着"珍贵"的照片袋子，我小心珍藏了。 M 将老照片做了翻拍，用一些照片配上儿子的钢琴曲，制作了一个追思爸爸的 CD。爸爸的告别仪式上没有哀乐，奏的是约翰·巴哈贝尔的名曲《D 大调卡农》和儿子写的《在雨中》，伴爸爸上天堂、去乐园找妈妈。爸爸的告别仪式上也没有黑纱，来客人手一支红玫瑰送爸爸。

爸爸问过的遗照，用的是放大的金相框中爸爸满脸笑容那一张。陈村拍的？陈子善老师喜欢这一张，我也觉得这一张比我准备的要好，就用了这张照片。

"爸爸都觉得合适吗？满意吗？"

爸爸告别仪式上的对联是小陆灏和爸爸的朋友们精心反复推敲的：

> 榆下燕归来，顾曲谭书，才华不数黄荛圃；
> 纸上鹤飞去，多能富学，笔力堪追周会稽。

"爸爸喜欢吗？ 好吗？"

9 月 11 日，举行爸爸告别仪式那天一早，我收到了邵燕祥先生快递寄到的三首悼诗，苍劲秀丽地书写在一大张棉纸上。匆忙中我用大牛皮纸衬托一下，让斯文细心的小胖捧着，拿去了告别厅。

"爸爸还记得小胖吗？给爸爸推荐了阿姨的小胖。"

在爸爸的告别仪式上由陈子善老师致了词，由李世文先生朗读邵燕祥先生的三首悼诗：

千里怀人蒹葭苍，年年白露露为霜。
黄裳远胜九秋菊，毕竟书香名亦香。

八十五龄不言老，九三大去忒匆忙。
笔挟风霜犹可畏，华年曾历死生场。

晚岁欣然拾落红，锦帆相忆已朦胧。
复兴杂文还兴讼，多谢先生第一声。

“爸爸听见了吗？ 这悼诗已经满世界载上网络了。”

“爸爸看见了那满屋子的鲜花吗？”

“爸爸听见了我在爸爸的告别仪式上致的答谢词吗？合适吗？好吗？”

“爸爸，我在网上看到那么多纪念爸爸的文章，甚至有许源来伯伯儿子的文章，许多的其他好文章，我会给您一篇篇地念的。”

……

半夜，院子里的风铃忽然低沉地一声，“当——”空旷回响，那是您吗，爸爸？

父亲曾经说，这世界上哪里有“孝子”？“孝子”乃是孝敬自己的儿子。这话一语中的，中了我，也中了父亲。

容　洁

2012 年 11 月 20 日

写在前面

外　公

外公在家中是个不太爱说话的人，平常和家人的交流不算多。他喜欢的书籍是我们家庭其他成员平常很少接触的，也几乎不太过问，因此，外公和我们没有太多的共同语言。但他的朋友来看望他时，他讲话就多了。这也是因为他们之间有相同的兴趣爱好和对书籍的喜爱，每次他都能和他的那些朋友们聊得很投机。朋友来看望外公时，家中的宠物猫也经常在当起小主人的角色，它不惧怕陌生人，经常会来客厅和客人们打招呼，是个很好的氛围调和剂。

我在家中的时间里，每天晚上六点会准时去外公房间通知他吃饭。晚饭通常从六点吃到六点半，晚饭过程中观看东方卫视的新闻节目。晚饭后，外公去书房稍微待会儿，然后七点出来观看《新闻联播》。有时猫咪会坐在外公腿上一块观看电视，比较温馨，这情景我还有照片能拿出来与大家分享一下。

黄裳与猫

平常周末，我们家庭成员四人会去外面餐馆吃饭。外公对餐馆的要求很高，无论对菜的质量、餐馆的环境、价格都有着特殊的要求。相比菜的质量，他更看重环境和价格，因此在餐馆的选择上需要谨慎，吃得不好外公会很不高兴。同样，外公在外吃饭过程中也不太爱讲话，除非是和朋友一块吃饭。

外公是个追求生活品位的人，就像前面说的，他对餐馆的质量，还是对名表的选择，都是追求高质量、高档次的，喜欢潇洒地花钱，当然这也是因为他稿费赚得多的关系，毕竟钱赚了总是要花的嘛。同时，外公是个喜欢新奇玩意的人，除了手表，还对数码相机、“苹果”相关电子产品感兴趣。虽然他不会玩，但也会要求拿过去给他看看，还顺势在屏幕上划一划。

高三的时候，我在语文文言文阅读方面也经常会去找外公咨询。比如文言文加点字含义、句子翻译之类的，外公也会细心解答。但他有时也并不对标准答案完全赞同，两者的答案会出现矛盾，有时外公一笑了之，有时却会对答案的解释感到愤怒。此刻我会想，如果能让出题的考官站出来和外公就文言文的标准答案解释来个正面商讨，应该是件有趣的事情。

外公还是个热爱足球的人。听说他年轻时曾经还是校足球队的，老年的他也是经常在电视上观看足球，无论是大型的世界杯还是平常的小比赛，观看足球的频率和次数不亚于观看京戏。

以前每到周末想睡个懒觉，外公都会早上八点准时在隔壁的房间打开电视吃早饭，每每都会被电视机的声音吵醒。现在的周末虽然能睡懒觉了，但也只能偶尔在梦境中与外公相见。记得有次在我早晨睡醒之时，能够清晰地记得刚才在梦境中，我搀扶外公从门外三楼走廊走到一楼出去吃饭或者干其他的事，这也是以前周末我经常做的。

刘丰德

2013年6月22日

编者的话

为一代名士喝彩

2012年9月5日，沪上名家、中国作协理事、上海文联委员、中国作协全委会名誉委员黄裳先生在上海瑞金医院去世，享年93岁。消息传出，南北文坛震惊，读者、书友一片哀挽。黄裳先生的故去，标志着中国当代文坛硕果仅存的代表性人物的陨落，尽管不能断言是一个文学时代的终结，但是随着一个文学时代的代表性人物的纷纷离去，这个时代终将会被替代。

黄裳先生是一代文学宗师。他自20世纪30年代末发表文学作品以来，从事文艺创作70余载，他的作品除已经发表并散见于各类报刊、杂志的大量新闻报道、采访、评论，因年代久远，无法搜集，以及尚未发表庋存于书斋之日记、书跋等，著、译、编、校注作品近300种，堪称著作等身。他写新闻，写社论，写杂文，写评论，写散文，写议论文，点校古籍，翻译外国小说，精通各体，可谓无体不工。加之他和而不同、个人风格鲜明的文风，形成独特的文字魅力，称得上是真正意义上的“Stylist”。

黄裳先生是一名资深记者。他秉承父教，为实业救国，1940年考入上海交通大学电机系，然求学期间，他阅读最多的还是文学书籍。世事造化弄人，因为日寇入侵，战乱使他未能毕业。1945年，没有学过新闻学的他却就此走上了记者生涯。他以特派员身份采访整军方案签字会场，完成独家报道。他采访过梁漱溟、傅斯年、周作人。他去当时重庆的中共办事处采访，见到了周恩来并聆听了他的讲话。1946年4月30日《周恩来在重庆中共代表团办事处招待记者》就是他在《文汇报》驻重庆记者任上发表的。他是20世纪40年代胆识俱高的名记者。黄裳先生在《文汇报》供职数十年，是《文汇报》最有名的记者，也是最老的记者。

黄裳先生是一位传统藏书家。《上海近代藏书纪事诗》描写黄裳先生诗词有云：

“文笔词锋薄海知，淘书机智更冠时。澹生复壁能逃劫，旧燕归来付一痴。”观中华历史，自古至今私家藏书十分盛行。自20世纪80年代末，随着社会经济的高速发展，传统意义上的藏书时代已趋近尾声，黄裳先生可算作为最后的代表人物。先生的“来燕榭”是传统文人最后的书巢。《清代版刻一隅》、《来燕榭读书记》、《来燕榭书跋》等著作，是几十年来黄裳先生以独具品位与个性的文字，展示了他的藏书特色和藏书故事，体现他在版本目录学上的顶级造诣。黄裳先生的逝去，预示着传统意义上私家藏书时代的结束。

黄裳先生更是一名抗日老战士。七七事变，日寇的枪炮击碎了学校的宁静，黄裳从天津逃到上海，进入上海中学学习，随后考入上海交通大学电机系。1942年，再迁往重庆交大继续学业，途中写下《白门秋柳》等散文名篇。1944年，他与梅贻琦之子梅祖彦和蒋梦麟之子蒋仁渊志愿去抗日参战部队当军事译员，一个英姿勃发的书生士兵，与中美军人一道，在中国的西南及缅甸、印度留下了自己抗日的身影，尽管在他以后出版的著作中，看到的仅是异地他乡人物、风情的描写，满目青山中仿佛谢灵运逍遥跋涉，透露出一种清新、自然、恬静的韵味，将残酷的战争风云掩映于冲淡平和的文字当中。纵观黄裳先生文章，七十年来竟让你找不到一处悲观、恐惧、失望、颓废的心境，大师风范令人由衷敬佩。

黄裳先生的离去，是读者心中永远的痛。为了纪念黄裳先生，余发起并得到众书友之响应，将敌中珍藏多年黄裳先生的手稿贡献出来，计征集到五部先生早年的稿件，及部分先生信札、题词，征得家属同意，由先生家乡出版社——齐鲁书社出版。这本书将与《劫余古艳——来燕榭书跋手迹辑存》一道，供热爱黄裳先生著作的读者研究与珍存。

黄宗江先生语：“念及世人每爱书爱文化乃更爱国，或爱国乃更爱文化爱书；黄裳这样一个劫存的写书家并藏书家当为今人、后人、爱书人、爱国人所不忘。”

共勉，为一代名士喝彩。

凌　济

2013年7月12日

黄裳手稿

夜读书记　黄裳

No. 1

最近又找回了一些旧书。连日来整理，翻看，往往要弄到很深，打破了一直早睡的老习惯。这些破旧书里并无一本“善本”，……残破，小册子。绝大多数是……但在我却像多年不见的老朋友重逢似的欢喜。其中还有些是中学时最早买到的书，几经离乱，居然重新又回到自己手中，真是“如在梦寐”。旧书还是老样子，至多也不过添加了些蛀孔、水渍痕，但我自己，却已由一名中学生变得两鬓萧疏，这是不能不使人感慨的。翻看着当年手写的幼稚的题跋，印记，一下子就又重新回到了少年时代……

~~这就又不能不使人高兴。~~

说起写题跋和盖印章，这也是我的一种老习惯了。买到一种书后，第一件事就是写几个字，并盖上印记。这并不是值得赞赏的好习惯，不料却获得了意想不到的好效果。说它，这些破书是找不回来的。我前后刻过十来方藏书印，十年动乱中……抄去后，被说成是某种“罪证”。记得在一个人……大会的主席台上时，一面受着批判，一面就把这“罪证”示众。造反派们用一张大白纸将这些印章钤在上面，高高举起，高呼口号。那倒是……天师登坛作法揭示的丹书符箓。

旧书到底是旧书，在这里面找不到多少有趣的东西。

我的稿纸（横直两用）20×25=500　香港上海书局监制

No. 2

但都自有其历史文献价值。《贩书偶记》（孙殿起的）是被公认为清史艺文志那样的史料看的，正续两编收集的内容也确很丰富。它比艺文志之类可贵的是，凡所著录都是根据了实物，而非仅只转引传状之类的第二手材料，因而也更可信赖。不过它到底只是个人见闻的积累，还是有很大的局限性。在这次我回的旧书中，几乎十之八九都是《偶记》所未收的。作者久居北京，不易看到南方各地出版的。总之，有清一代的著作数量，恐怕要比《偶记》所收要多出十倍左右也不止。这样，一部根据现存实物，广泛收集编定的《清人著述总目》将是迫切而重要的著作了。

对待旧书，似乎也应该采取一种实事求是的态度。不要求过高，求全责备，这是不现实的。只要其中有一二故实、见解，有可取之处或值得参考的地方，就应该加以注意、利用。如采取这种开明态度，许多书都可发挥作用，为两种文明的建设服务。这中间自然也包括了"反面教材"的利用与借鉴。"鉴"的原义是镜子，在镜子里可以看到美的也有丑的形象，两者都有重要的参考价值。

大唐三藏取经诗话

罗振玉珂罗版影印巾箱本。这是曾经引起鲁迅与日本

我的稿纸（横直两用）20×25=500　香港上海书局监制

德富苏峰藏过的有名的书。还有一本《大唐三藏法师取经记》，也已由罗振玉影印，但开本较大。两种印制得都很精致。影印古书，可以有《古逸丛书》那样的大册，也不妨有《吉石盦丛书》这样的小册，大可不拘一格。但印刷的要求要高些。印得这么好，原刻的风貌传达得就很好，"中瓦子张家印"的牌记和全书的刊刻体式都可以获得真实的了解。

争论的焦点在于书是宋刻还是元刻。《诗话》后附王国维和罗振玉两跋。王跋尤详，详考南宋临安坊市，并断言"此云'中瓦子张家印'，盖即《梦粱录》之'张官人经史子文籍铺'。"而藏书家的德富苏峰当然同意罗王之说，一口咬定自己藏的是宋版。而鲁迅当未见两书原版，不知究竟，因而闹出"元人著作的宋刻"的"笑话"。这就又牵涉到小说史上的问题了。

现在两书都已影印，我们即使未见原书，也可以从影印本中看出一些痕迹。鲁迅当年也是看到这两种影印本而作出论断的。鲁迅在《华盖集续编》中所提出的理由是有说服力的。但我看，"张家印"的"印"字最似一笔，确有南宋临安书棚本牌记的风格，但这也完全可能是一种习惯，并不因由宋入元而立即改变。书中的刻工刀法，草率板滞，已经不是棚本的风貌了。加以怀疑，可能是元代的坊本，不是没有理由的。王国维把"张家"坐实为"张官人……"也不免多少缺乏

No. 4

细密、审慎，谁能断定中段子没有同时开设着多于一家姓叶的书铺呢？何况还有出售正经正史与通俗读物的区别呢？

古砖及其他

《香砖酬唱诗》一卷，嘉庆刻本。二十七叶，前有摹刻砖文八枚两叶。首胡虔序，以下谢启昆、阮元、陈曾谊、陈映琭、秦瀛、谢振定、侯凤苞、钱泳、王赓、王聘珍、潘桐、陈宝镕、侯烈、周春、冯应榴、李尧栋、陈燕昌、沈德鸿、吴廷镛、许庆宗、袁钧、项墉、邵志纯、赵魏、杨秉初、顾式金、陈广宁、许元仲、继昌等古诗二十九篇，都有考证。八砖于嘉庆丁巳于浙江萧山出土。陈燕昌在《金石契》之中也收了古砖，

浙江文士有收集古砖的风尚。冯登府有《浙江砖录》四卷，收集更富。鲁迅的《俟堂专文杂集》，更是许多人都知道的。

象这一类的小册子往往刊印无多，流传遂少。但却反映了一种社会风气。清代乾嘉之际，有许多以学者而兼贵官的名人，如阮芸台、朱竹君、毕秋帆、卢雅雨等，都喜欢招集一大批学人、名士聚集在自己身边。不但代作各种文字作品，还将他们的学术著作，由自己署名或题衔出版。这实在是一种一举两得的好事，诗酒唱酬，流誉人间，博得怜才好士的名声，也更是一种现成的额外收获。不过

我的稿纸（横直两用）　20×25=500　　香港上海书局监制

No. 5

它对文化建设的推动也有极大的好处。我认为乾嘉学派的兴旺发达，与这些人物的保护扶持是有很大关系的。通常我们把许多经师、学者都看作地主阶级的文士，这是不错的。但其中大多出身于地主阶级下层，生活贫苦，只能靠游学的方式依人作幕为生。他们只有找到一个有地位的官僚知音，聚集在一起，探讨学问、诗文唱酬，就为大量学术艺文的产生提供了条件。这是应该看到的。早在康熙中，纳兰性德、曹寅等就开了风气，同时一些有钱的商人也闻风而起，如扬州的马曰璐兄弟、天津的水西庄查氏，就都是有名的文化名人。厉鹗、陈撰、金农、陈章等一大批文士几乎终身住在他们家里，从事著述。最后的代表人物是刘翰怡和张石铭等。可以说有清一代的艺文，和这些人都有着内在相关的联系，其影响并不在清政府的文化政策之下。

也曾经有学者、作家注意到这些文士在"府主"幕下依此的关系、酬唱的和对主的关系，并加以探讨、研究，如柴德赓教授的研究章实斋与汪容甫，郁达夫的写黄仲则与洪稚存，这也是非常有益的探讨。因为这可以了解学派异同、诗文流变的背景材料。

此外书也还有一种用处。从这《春酒唱酬诗》所收的三

我的稿纸（横直两用） 20×25=500 香港上海書局監製

十人作品，有的并无专集流传；有的虽有个人诗文钞本可能也不收这类诗篇，或者有改动异文。那就又可提供辑逸与校勘的依据了。

小说字汇

我一直不大买日本和高丽刻本书，但三十年前却偶然得到一册日本刻的《小说字汇》。巾箱本，宽政三年辛亥十一月皇都书林·风月庄左卫门等版，大坂书林称觥堂·赡春堂嵩高堂发行。皮纸印，前有薰屋序，凡例（天明甲辰秋水园主人识），援引书目、画引（即按笔画的索引）。全书列举从四十种书中摘出的词语，用日文加以解释。

天明甲辰是乾隆四十九年（一七八四），后七年宽政辛亥（一七九一）出版。年号虽然陌生但干支却是一样，这就引起人非常亲切的感觉。我买这书的用意有二，一是看中了那一份小说书目；其次则是想从选出的词汇中找出一些中国古俗语，还可能为查不出的字眼找到一些依据。不懂日文，解释对我是无用的。但对研究古语的学者却有参考意义。早在整整二百年前日本朋友就已经对我国的俗文学进行了这样的学术研究。这要比我国同类研究著作的出世要早一百多年，不能不使人感到感谢、惭愧。

"援引书目"共收书一百六十种。其中有许多名目是闻

No. 7

所未闻的。秋水园主人不知道是怎样人，他大概是一位对中国小说有浓厚兴趣的藏书家或编著家，他大概努力搜求了尽可能多的完整的书样。从这《字汇》的得以排版发行，可见社会需要也是很大的，反映了当时在日本中国小说读者的众多。这都是中日文化交流史上值得注意的美好篇章。

书目中有些其实并不是小说，如《春渚纪闻》、《西山墨谈》、《孤树裒谈》（一种明代史料的摘录）、《俗语难字》等，但为数很少。一些著名的小说，如三国、西游、金瓶梅都没有著录，现在将在我孤陋的见闻之外的书名摘录一些在这里：

《杜骗新书》、《珍珠舶》、《百家公案》、《古今言》、《点玉音》、《寒腸冷》、《水晶灯》、《梧桐影》、《云仙笑》、《白萝莲》、《炎凉岸》、《玉楼春》、《五金鱼传》、《春灯闹》、《锦带文》、《南北宋则》、《金陵百媚》、《八洞天》、《幻缘奇遇》、《三教开迷》、《巧联珠》、《一百笑》、《美人镜》、《赛红丝》、《双剑雪》、《风流悟》、《偏地金》、《荔枝奇逢》、《列奇缘》、《警梦啼》、《混唐平西录》、《混唐后传》、《女开科传》、《东度记》、《鸳鸯鍼》、《醒名花》。

还有一些，似乎在马隅卿、孙子书的书目中好像看到过，就不再列举。还有一点值得注意，书目中已经有了《聊斋志异》，但没有《红楼梦》，那大概是因为曹雪芹的书刚刚在传抄，活字本也刚刚排印的缘故。

我的稿纸（横直两用）20×25=500　　香港上海书局监製

No. 8

阿芙蓉谱

一九五六年去成都，跑书店的收获很少，只买得一些大板精刻的《清代遗书》之类的新刻本，旧本书一部也不曾遇到。但也得到了几本不见经传的小册子。一种是旧抄本《寻芳漫述》。我已有此书的清初巾箱刻本，是一种文言写成的小说。这两册书抄刻以后至今没有找回。另外一种是刻本，名《阿芙蓉谱》，一套共有九叶。原题"何许人纂辑·莫非我校订"。看版刻大概是咸同之间的刻本。

过去记载草木虫鱼一类的书虽不太多，但如《香乘》、《烟草谱》之类多少还有一些。但谈到鸦片烟的却只有李圭的《鸦片事略》一种。这《阿芙蓉谱》则是仅见的第二部，而且是用正面欣赏的态度编写的，所以觉得更是难得。作者大约是一位深得此中趣味的瘾君子，不过胆子还嫌太小，不敢以真名出现，只用"何许人"这样的笔名来混着。不过见解则不吞吞吐吐，这是难得的。

前面有一篇序，最后一行是"本朝太平年圆月晴明日无事时何许人志于无露地栽之庐"。看这说头，作者是一个不折不扣的寄生虫无疑了。他一开头就发牢骚，"茶有经，食有单，琴棋书画莫不有谱，独阿芙蓉膠嗜之者多，而品题独少，其故何也！"接下去就进一步分析，原因在于禁令和

我的稿纸（横直两用）20×25=500　　香港上海书局监製

No. 9

吸烟有害的宣传。他以为，有害的东西不只鸦片，酒色财气都有害，但人们都安之若素；衣食二字更是大害，"吾见冻馁而死者矣，吾未见贪瘾而死者也。"何况"烟实有益于人，痨病消之，……"幸亏"达国嗜者益众，圣天子曲体人情，弛其禁而権其税，名之曰药。"所以才来撰这部谱，但"毋许无福者观之！"

这真可以说得是一篇妙文。他这阶级的内心世界、精神状态暴露得淋漓尽致了。世界上最困难的事莫如将歪理说成正道，以将侵略说成正义行动，将战争贩子打扮为和平之神之类，我这高手也会感到束手无策的。颠三倒四、语无伦次是常见的。象这篇序文说得如此头头是道、振振有辞实在极不容易。可惜我们无法得知这才子的姓名。

全书分"四十四别名"、"论土"、"论枪"、"论斗"、"论器具"、"十二益"、"十二忌"等章。其中还有许多妙语。如"烟子"名"不夜城"，"烟钉"名"弥勒佛"、"烟枪"为"留客仙"、"烟灰"为"返魂香"、"烟膏"为"金不换"之类。"论土"一章颇有史料价值，

"烟土最上者为贡土，状如西瓜，俗名'人头土'。亦曰'大土'，每件重五十两，出西洋各国。其次为广土，状如马蹄，故名曰'马蹄土'，又曰'小土'，每包四五件，重五十两，出广东。其余云贵四川陕江浙等省出土甚多，名色不一，未及备载。"

我的稿纸（横直两用） 20×25=500　　香港上海书局监製

No. 16

旅稿则以建燕为上，以崖竹为贵。"十二道"中最有趣的是"迟眠可以備宵小"，"好色子弟可以节欲寡欲，多畏即以种子"两条。"十六品"分列"仙品"、"豪品"、"福品"、"寓品"……等名色，仿诗品的形式，则近于"嫖经"（即《青楼韵语》）。总之，不是行家里手，是写不出来的。

菊部群芳

同治十二年抄本。抄手甚工。红格，板心有"松竹斋"三字。卷中有旧人墨笔批注。目录分列地名，下列班名。计猪毛胡同，朱家胡同，羊毛胡同，石头胡同，百顺胡同，陕西巷，大外廊营，韩家潭，李铁拐斜街，樱桃斜街，小安南营，大安南营，家书巷等十三目，列班社六十三。

人名下记小传，次记剧目及角色。首列"北春馥主人郑秀兰"。兹引"绮春主人时小福"一条为例：

"正名庆，小字阿庆，号琴香。别号梦绅，苏州人。年二十六岁。九月初九日生，唱旦，兼昆乱，善饮弈。出'春馥'。本师清馥徐阿福。

'挑帘'（潘金莲）'折柳'（霍小玉）'小宴'（杨贵妃）'教子'（王春娥）'戏妻'（罗敷）'回龙阁'（天宝川代战公主）'綵楼配'（又）

'击掌'(又)'探窑'(又)'跑坡'(又)'牧羊圈'(赵景棠)'斩子'(穆桂英)'宇宙锋'(赵小姐)'三堂会审'(玉堂春)'打金枝'(公主、正宫)'金水桥'(银屏公主、西宫)'探母'(四夫人)'祭江'(孙夫人)'汾河湾'(柳金花)'二进宫'(李艳妃)'虹霓关'(丫鬟)

据所记时小福的年龄，及查《道咸以来梨园系年小录》记时小福生于道光二十六年，知此书写定于同治十一年。又複查其他数人生年及艺年推算，这是有绝对写成时期而又较为确实的同治中北京戏剧史料。

书中所记尚有：

"蕙兰，姓乔，字纫仙，冀州人，己未生，年十三，小字桂馥。肄(绿春)部，同唱昆旦，能书，春季出台。"一条。乔是梅兰芳当日学习昆曲的先生。所演剧目有"花鼓"、"折柳"、"琵琶行"(花退红)、"盗绡"(红绡)、"挑帘"(潘金莲)、"说亲回话"(田氏)等。

"保身堂主人刘赶三，号宝山，天津人。年□□岁。隶四喜部。"(剧目十九折，略)

"继新堂主人钱金福，号□□，苏州人，年□□岁。前唱□□，瑞春钱阿四之胞兄。"

"李铁拐斜街

景龢堂主人梅巧玲，正名芳，字慧仙，又号雪芳。苏州

No. 12

人。原籍泰州。壬寅八月廿一日生。肄习喜剧，唱旦。兼习昆乱，精于金石、隶书。出醇和，本师福盛。名生陈金爵之婿。

"刺虎"（费宫娥）、"絮阁"（杨贵妃）、"小宴"、"寻梦"（杜丽娘）、"剔目"（李亚仙）、"双铃记"（赵玉）、"定情赐盒"（杨贵妃）、"万事足"（邹夫人）、"红楼梦"（史湘云）、"雪中人"（夫人）、"黄河阵"。

这些记载是很可贵的。有些事情连梅畹华先生恐怕都不太清楚。梅巧玲主要演出的是昆曲，可是还演过赵玉，这是不易想象的。"红楼梦"应该是他的新编的戏，以史湘云为主，可谓别具手眼。这在"红楼梦"研究中也是一条新消息。看书跋，此书于一九四八年顷在苏州护龙街旧肆买得，闲置书丛，久不赏视，也没有拿给畹华先生看，真是非常遗憾的事。又记得陈墨香在一篇文章中曾谈到《菊部群英》，有一字之差，恐怕并非一书。此书的旧主人曾有许多批注，并在一些演员名侧加上了许多圈，想来是为他所激赏的人。上面引的几个人，却连一个圈也没有得到。也许以钱金福、乔蕙兰等还都出台不久，所以未曾引起注意吧。

一九八二·十二·廿二·

我的稿纸（横直两用）20×25=500　　香港上海书局监製

（荆时光　藏）

從昆明到大理

—滇游日记— 黄裳

第1版加题头图

三亿

0黑，点三号，下同。

序

一九五六年的秋天，我到四川、云南旅行[redacted]前后三月，写下了一册日记。本想回来后一一写成单篇的通讯，但一直抽不出空整理的时间。过去多久，就连当时的兴趣好像也一下子通通失去了。于是这日记就一直压在箱底，直到1969年的冬天，才被英雄们发掘出来当做宝贝拿去，从此落入某种人的手里。经过仔细欣赏、研究、分析、归纳，又终于从中提炼出了他们急于得到的某种东西，[redacted]以为下子可以从眼镜蛇的毒腺里挤出了剧毒的汁液来了，[redacted]那真是可以想象的。

1969年的冬末是出奇的冷。那时我正在干校作苦工，挑着百来斤重的粪桶给新种下去的花苗施肥。一去就是[redacted]半天，[redacted]晚上回来吃

20×15=300　　第 1 页

929

15 428-952B 8300 84.11.18.

饭时，汗水已经湿透了棉袄。西北风吹在身上

也一点都不觉得冷，反而异常舒服。这时就能

看到[redacted]在黄色厚棉军大衣里，偎在宿舍门口[redacted]小

凳子上的某种人的半影。说他们[redacted]在晒太阳是

有些冤枉的，他们其实是在[redacted]行[redacted]神圣的"革命职责"。

从他们[redacted]手里一下子就翻出了那本是我的日记，

从他们嘴边[redacted]漾出的嘲讽微笑又可以[redacted]出，不是发

现了什么把柄，那就是被日记[redacted]内容[redacted]

吸引住了。我想这两者是兼而有之的。从发还

的日记上可以看出，当时某种人对它[redacted]读得非常仔细[redacted]，

几乎每[redacted]页都有[redacted]密密麻麻[redacted]用红[redacted]笔划下的线，

此外[redacted]还有许多书签。这是[redacted]对作者整理摘录工作者

的指示。[redacted]有不少是划了三个叉，两个圈[redacted]标出"重要"字样的。

批语中有：[redacted]"反动的'无冕之王'的自白"、"在川与反

动诗人流沙河呼应"、"攻击刑法，说鱼米之乡没

裹衣

后来

现在随手抄几条在这里，

着重

20×15=300　　　　第 2 页　930

有肉吃"，"资本家刘鸿生怀念，是个十足的走狗！"……因为只是随手摘抄，反映不出全部批语的深度与广度，但也多少说明了那种斩截的方法。

浣沙河是在成都作协约集的一次饭桌上见过一面；日记中又曾说到过一处抗战中刘鸿生迁川的小厂扩建的工厂。不过是些平常常的琐事，但到了某种人的眼里就是焕发着奇异的光彩，看到的"要害"。但那时他们耐心地一个字一个字地看下去，也实在有点稀奇。不是把我看作神秘人物，就是我的日记还有着某种吸引力。

有着这样非凡眼力，能化平常为神奇的人才是难得的。难怪在"四人帮"被打倒以后主动将同路人请了去主持"笔政"了。这是完全不值得大惊小怪的。据说中国因为国画有好的方块字特点一

20×15=300　　第 3 页　931

几乎成了文字游戏的国家。对对子、八股文、灯谜，诗谜，至今还为人热爱不衰。这恐怕是的确的。因为兴趣多半集中到字面上去了，所以和内容以及这内容所赖以存在的人的思想品质有时就脱了节。发展下去就出现了所谓阶级性、倾向性这样的品种，仿佛他们都是执笔人的著述，只有本领没有立场。昨天时的"四人帮"抬转了，今天也转为"个性化"喧嚣闹道。我想这是一种奇怪的，也是危险的理论，也不合逻辑，理由无庸赘述。但看来这种"理论"的日子恐怕並不会太长。这里记下一笔，权当"立此存照"。

下面的日记是从离开重庆时开始。在重录的时候，做了一些剪裁，文字也进行了少许评润饰。有些地方也添上一点新材料。

一九八四．十．六。

20×15＝300　　第 4 页　932

以下排五宋

十一月十四

早晨天还黑着就给隔壁的人声吵醒了。看表还只五点，但也不愿再睡，起来洗漱，到楼下去吃早，这时是五点三刻。朝寒殊甚。

七时出发，满城大雾。车子驶开西路口以后，菜园坝一带全是一片白濛濛。只是在山崖壁角偶尔看见仅仅露出梢头来的树木，真是非常奇丽的图画。车过大坪、歇台子，一直在雾中行驶。稍稍爬高以后，就看见了脚下的一片雾海。在凤鸣山一带又看到了另一派奇妙风景。远树，是黄桷树、皂角树、杉树、丛竹和一些落尽了叶子的枯枝，飘浮在雾海的顶上，只是一片墨黑的粗笔触，俨然是一幅水墨画。这样的风景，用水彩画来表现是困难的。沿路看见新建的房子，依旧带着传统的风格，在

20×15=300　　第5页

木栏杆上涂了黑漆，墙是白的，盖着瓦顶。真是稀有不得的中国水墨画中的形象。这正是米芾、石涛笔下的烟雨。

初日，在春城没有看到的，不料在这里却碰上了。朱红的一轮，但在正上端三分之一处却缠着一条黑绿带。没有一个画家敢这样着笔的，画了怕也要被人看作"未来派"。车子在山路上迴旋着向上，于是就有机会一次、两次、三次地看这初日。它从朱红变为橙红，这时忽地有一棵杉树的枝梢在它面前拂过，留下了清晰的黑影，点缀着杉树的一轮满月，不过是橙红的。第三次车子爬得更高，初日这时正撑脱了浓雾的包围，真的变为耀眼的火红了。

在重庆，象这样的好天气是难得的。象这种真正表现了"雾重庆"的特色的也实在少见。

20×15=300　　第 6 页　934

到白市驿机场后又吃了一顿早点。九时飞起。这次乘的依旧是一只伊尔—14型，上次飞机上遇到的那个胖胖的驾驶手又见面了，但正副驾驶员都换了。还添了一位女服务员，穿了一套灰卡叽制服，胖得象只小猪。（朱笔批：诬蔑劳动人民服务员）她先拿了一杯红茶来，接着就是糖、橘子、广柑。广柑还没有吃完，已经到了昆明了。

真是意外的幸运。渝昆线飞行，在快进入云南以前，因为海拔较高，空气稀薄，机身大起大落是常事，十之八九要把肚子里的东西折腾出来。但今天的天气实在太好了，就象睡在家里的沙发里一样，不知不觉地就到了。

不过地面上的风景却什么也没有看到。又遇到了奇妙的云海。飞机就象在一个大大的堆

20×15=300　　第 7 页　935

满了棉絮的盘子里滑行。云也真变幻得出奇，有几处突然高起象个小山，很象照片上看见过的北冰洋的冰山。

一下飞机，满地的秋阳。天上是蓝、白云，绿树青山，又来到了可爱的昆明。这是巫家坝机场。

把行李等放在民航局，漫步走进城去。在冠生园吃中饭，价格和四川相去不远。走了半日才发现这就是拓东路。走到了桥边，但联大工学院宿舍的影子却完全没有了。

又闻到了烧木炭的那种奇怪味道。整个城市都充满了这种气味。

到盘龙路市委，还没有办公。就到金马碧鸡坊下的一家茶馆里吃茶。要的是下关的沱茶，二开以后沁出了极为甘洌的味道，这样摆到下午

20×15=300　　第 8 页　936

二时。市委把我介绍到省委，又从金碧路一直走下去，过了靖国桥，找到省委，拿到两封介绍信回到翠湖边上。疲倦极了。天又黑，况乎是夜行，越走越没有方向，翠湖也望不见，不料曾经十分熟悉的昆明，现在已竟认不得了。

终於借到了车子，取回行李，住到翠湖宾馆里。房子是新修的，和北京饭店差不多。房间壁上挂着影印的宋画院团扇小景。

这次重到昆明，是在暌隔了十二年之后了，应该在此记上一笔。

十一月十一日

早晨从窗外看到一朵乌云，可是不多久就给朝阳冲散了，依旧是满天艳丽的秋阳。

早点吃小包子，已经冷了，但依旧可以尝到过去的那种风味，昆明就是连包子也有它的特色。

20×15=300　　第 9 页　937

从书店出来，沿华山西路青云街一直走下去，在一家旧书铺里买到一册《晚芳录》，是姚安由根培所著。我想起在莲花池畔的陈圆圆之墓，看过一通画象碑拓。上面有他写的"圆圆事略"，十年前我曾在"昆明杂记"中引用过。原来把他当作一位"古人"，将《晚芳录》也看作是一册"古书"，不料这书的初版却在"三十八年十一月"，那正是解放前夕。

坐在茶馆里翻阅一过，这书实在并无可取，只是摘抄了一些人尽皆知的故事。但也有一二记事值得注意。据说那杏娘之坟"原来在"二十九年五月十七日"被人挖开，同年七月十五日改葬於莲花池畔。

在茶馆里打听了一下那个什么楼，在我的印象里这楼的四周是种满了花木。回答是，楼早已拆掉了，现在改成了大花园。走出茶馆一直走

20×15＝300　　第 10 页　938

下午依然看到了那个花园。四周的建筑和店铺都还是原来的样子，只是楼没有了。不过名称还在，公共汽车的站名牌上还写着"近日楼"。

南屏路上也有许多新建筑，又走上晓东街。抗战中这里挤满了形形色色的拍卖行，是昆明最"繁华"的所在，现在则荒凉冷落得不堪。

下午去圆通山，看了唐继尧的墓。石雕的墓门倒也颇精致，墓表上写着"南天一柱"四个大字。还刻着中山先生的唁文，黎元洪的接勋令……。读了墓表，才知道这位唐蓂赓死于1927，只活了四十三岁。

登上圆通寺的最高处。在这里看到了一块抗战中松山之役阵亡将士的纪念碑。战役开始时我在昆明，结束时我已到了印度。除隶

20×15=300　　第 11 页　939

经滇缅路回国，路过保山，听说战后还有专去掩葬的战士的遗骸。今天看了这碑，不禁有些感慨。

十一月十二日

早晨到省文化局，见到一位副局长，谈了些云南文化界的情况。听说白族自治州成立大会即将在大理下关举行，就要找搭车同去参加采访。

~~在门口遇见来旅行的周慕莲先生和两位演员。周是川剧著名演员，以情探为他的名作。这次可惜未遇一出，没有能够观剧。~~

回旅馆的路上又经过那家旧书铺，买了一本康熙时人的诗稿，作者名李含虹，字金川，与阚东白有交往，卷前有作者名印二方。诗集中有大量咏云南景物名胜风土故实的诗篇，倒是一种难得的地方文献。这是此行买到的第一种善本。

20×15=300　第 12 页

[发]这的日记里[为某种人][redacted]涂[上][redacted]了大量的红杠子，这

中间[redacted]绝大[部份][redacted]又[redacted]划在买书纪[事][redacted]上[面][redacted]。这里

看到"善本"二字，[有][redacted]是引起了注[意][redacted]。[redacted]某种人

最初是想把我[造]描成投机[倒把][redacted]的古书贩子，[进而]再从

这[redacted]"突破口"[进一步]向纵深发展。他们[把这看做][redacted]"进货帐"，

当然不能不发生兴趣。还曾问我为什么[有]这么

多，[没有][redacted]"进价"[redacted]？可见这[还]是他们心目中最好的

原始"进货[底帐]"[redacted]。至于"善本"，在他们看来就是[redacted]

[redacted][宝贝]的别[名][redacted]。其实这本诗集，不过是一位[清初]云[南]

不知名的诗人的手稿[redacted]，除了云南图书馆，

[也]怕没有人认定[是][redacted]"善本"[redacted]。也正因为这缘故，[redacted]

这书和另外买得的一些云南地[方]文献[redacted]

[redacted][临行前就]一起送给图书馆了。《雪龙州志》，[其中的一种雍正刻]

只是残本[册]，[redacted][却]是"孤本"。国内各图书馆的目录里

都不载。[redacted]我因[redacted][远]地区的地方志[一向][redacted]稀见，

（据称是根据了康生的"批示"）。

又不是版本目录学者，为什么要对这些事发生注意呢？原来他们

20×15=300　　第 13 页　141

写刻尤为精湛。这种清初刻本的方志，在云南也已经可以算是地方古书了。]

又买到两本《峡江图考》，光绪二十年上海袖海山房石印本。图极工细，从荆门虎牙滩起，直到重庆，上下百页详细画出了峡江两岸的风光名胜，并附有详说。宣江国璋序。书极罕见，是江行必不可少的参考书。

下午到省委、省人委，又拜访了云南日报社，借到一套云南通志。有铅印本《大理县志》不全；又马子华《滇南散记》、赵鹤清《玉龙旧话》等。

夜归，枕上读今天所买所借诸书，早眠。

十一月十三日——[illegible]

五时半起身，携行李出门。文化局派同志来接，同去云南大学门前，即上车。七时出发，过马街子、西山龙门，望见了滇池。这一带都

20×15=300 第14页

942

是十多年前来过、住过的，不胜感慨。

坐在卡车上面，风极大，凝冷。车上装着电影放映器材和汽油，带来的一部影片是《流浪者》。

十二时抵广通县的"一平浪"。这是个怪地名，如不到这地方是不会懂得所以得名的理由的。这实在是个特别的地方，在丛山围绕之中出现了那么一小块平地。有盐场，好象也有笕竿，但比起自贡来，规模是小得多了。

在饭店中午饭。供应的红米饭，吃了两大碗。饭后登车，在颠簸中把《滇南散记》读完了。

又下起雨来，身上更冷了。吴铭道在《滇游集》中有"雨过镇南"诗，其中有两句是："天矫云作紫，累累上鞭丝。"写得不坏。

六时抵南华县的沙桥镇。住在这里的"天香饭店"里。这是一座三层楼，下层在地下。我住在楼上，一室二床，木板上铺草垫。租来了两条被子，其硬如铁。木窗棂外面挂着红红的[illegible]

辣椒。

在点着两根灯草的油灯下记日记。

十一月十四日 ——到墨江

五时起，没有洗脸就开车了。开了头灯爬山，山极陡，满山都是雾。爬到近山顶处才看见东方初日的朝晖。遥远、遥远的天边，只是金黄色一线极细的光带，在这金色的彩带前面，出现了近山松林的黑色影子。远山青翠透明的影子，就象一座宝石雕成的笔架。旁边是一泓清澈的湖水，宛如砚池。车子爬到更高处时，初日的金光又被罩在重重迷雾中了。

八时不到爬到了"天子庙坡"，这是滇缅路最高的地方，海拔2600公尺。

这里山路两旁满是松树，都是些幼松。姿

20×15=300　　第16页　944

态十分奇特，它那雾里的枝桠看起来就象一幅画。

古画里常有"抚孤松而盘桓"的场面，一个老头儿就在那里抚着一棵孤零的古松的下干，悠然[illegible]可惜的。现在的情形是"抚着松之巅"，因为车子过处，路边两面不断老去的古松，它们都植身于涧底，只要伸出手去，就能随时摸到它们的树冠。

车子抛锚。正好下去看风景。白云、青山，这些在四川也并不缺少，出奇的是，无论如何也比不上这里的清澈、明净。云是那么白，云下的山峦是一片迷蒙，但耸出白云之上的一角青山，却象是在水晶盒子里似的那么清明。这样的山和云，也只有在云南才能看得到。

在这里照了两张相。

这时前山在[illegible]峰顶被云层遮住了。但它仍

20×15＝300　　第 17 页 965

企图努力透过那暗黑的云层。这时就出现了六七道幅射的霞光，虽然太阳本身依旧不见。回头看时，一层层白色云海，白得透亮，眩人目睛。在云海中间是一座座黑色的岛屿——峯头。

车下"天子庙坡"时，看见路牌上写着，这坡全长三十五公里。地属祥云县。

十一时抵云南驿。十多年前经过这里，没有晚饭吃，向农民买了十几枚鸡蛋生吞下去的往事还如在目前。记得这里有过一个大机场，还可以降落飞机，现在没有了，只有一个小停车场。卖鸡蛋的人还不少，这里的鸡是多得出名的。

阳光是那么艳丽，天空是那么蓝得透亮，有两只老鹰在天上缓缓地打旋，它们也是那么安闲。

20×15=300　第18页　946

有卖梨的也有卖柿子的。三角钱买了十只梨请同车的人吃了。梨非常好，有点象莱阳梨，水份多极了。吃了一点饼干以后来吃这梨，实在使人高兴。上车以后又懂剥了柿子来吃，吃第一个，不料嘴里火也似的干起来了。

到了下关。在地委没有找到宿处，招待所全部客满，他们介绍我去与一位云南日报的记者同住。门锁着，把行李放在门外就上街去走走。穿过小街，走上一条石桥，过桥上坡，迎面是一座城门，门额没有了，背面也已镂空，中间嵌了一尊佛像。这就是下关的上城门。

生活在这里的白族妇女都参加沉重的体力劳动。有许多人背着极重的东西爬坡。她们穿着围腰，行李大也都安放在背上，上面是两匹细布。从她们艰难的脚步里可以知道那份量。行

20×15=300 第19页 967

布边用两根皮带兜住，全部重量是靠由一块粗厚的麻布承当，这麻布就兜在她们的前额上。

在茶馆里看见有两个上了年纪的搬运工人在下棋。他们是北方人，说下棋不过是为了骗茶喝，其实是"来棋"。二十个饺子二两白酒下肚以后，就到茶馆里坐一会，杀一盘。看来这里还没有给人们工作之余进行活动的场所和休息的设施。

这里茶馆里卖的"烤茶"，别处是吃不到的，有一种别致的风味。

没有找到旅馆，自然也就没有被褥。急中生智，只好去百货公司买了一条重庆毛纺厂出品的绿色毛毯，价31元。这厂本来是刘鸿生创办的，抗战中在重庆当穷学生时，曾想买这厂出的一块平价粗呢料而不可得，现在却容易得到一条毯子。刘鸿生最近逝世了，盖了这毛毯睡在床上

20×15=300　　第 20 页　968

读《新观察》上的刘游生丛述。

还没有睡着时，同室的一位回来了。带着神气，慢慢踏着山路响。他用打火机点燃一支香烟，坐在那里写什么东西了。只听得几次三番地扯稿纸揉搓，揉得很响。

又听见他拿出瓶子来，骨碌骨碌地喝了一气，嗅到的大概是放在窗口的药酒，浸着"三七"什么的。

好不容易此写睡下了，但我却突然觉得冷了起来。那毯子毫无用处，背上、腿部时时都感到有冷气侵入。起来穿上毛衣，无用；后来连衣裤也穿起来，还是不行。就这样一夜也没有睡着。下关的秋夜真冷得可以。

醒到五时就爬了起来，奇怪，应该是十分疲倦的，但却不。

20×15=300　　第 21 页

借了一只脸盆，出了半圆的黄澄澄似的西太，胡乱地洗了脸。这时才看到鸡足山的，他很轻，但神气是不可一世的。我大概比他的年还会长发。走到院子里，看见满天繁星，今天又是个好天气。冷气袭人，忽然想起“如此星辰非昨夜，为谁风露立中宵”的诗句，但这也不禁哑然失笑了。

十一月十五日

八时不到就跑到昨天喝茶的那家茶馆去，他们还没有开门水。

刚开门

跑去街头，买了两个大包子吃了。看着走在路上的少数民族姑娘，他们身上青绿的服装，很值得一看。

因为昨夜换了床，所以满街去找棕垫。他都卖光了，说是下午四时才能有货送来。

20×15＝300　　第 22 页　950

坚步登山，一直走到山的绝高处。从"玉龙书院"一直走到文庙。现在这两处都已改成小学校了。这是文庙新开，洱海和远山仿佛都在脚下，真是奇绝的风景。拍了几张照，小学生们都跑来围着看我照相。

高处可以望见象锦绣屏风似的远山、一湾凝碧的洱海，和那个侧面突出一个小山头的"海湾"。"海水"就从那里流出来，在苍山前面流过，把下关的旧城和新市区界了开来。新市区里筑了新房子，翠柏扎成的牌坊，都是新的了。滇缅公路从城西的小山坡上迤逦而来，在市区里打了个回旋就又向西伸去了。

文庙外面有两棵大树，大约有几百年的树龄了，枝叶茂密，从主干分出了五六条粗壮的分枝，树叶展开来正像一把大伞。不知道这是什么树，向小学教师打听。他在我的笔记本上写下了"酸把树"三个字。这大约是土名，也不知正确与否，小学生也都这么叫。

文庙附近荒得很。有康熙、嘉庆、咸丰三块旧匾，还有一座题着"文明"二字的石坊。一间房子外面挂着"斜阳小阁"四字木额，咸丰之初马恩溥书。看《大理县志稿》，知道此人就是向朝廷上了许多条陈请剿杜文秀的。

慢慢走回来，在寺巷前面发现了一家"花园茶社"，有一个小院子，一座茅亭，还有扶疏的花木。窗明几净，主人非常好洁，用水洗桌子，又用刀来刮，用稻草擦，最后是用水来冲。这里也卖烤茶，喝茶中间把四天的人民日报都读完，郑西谛又在谈"分也"了。没有吃午饭，买了几块甜点心吃。

20×15=300　第24页　P52

回来路上又打听棉絮，找到一家古老的楼上作坊，选订了一床。主持人不在，合价钱又不能定。约好二时半再去。

正好要去日报的记者家，向他借了一册徐嘉瑞的《大理古代文化史》来看。

下午总算买来了一床七斤半的棉絮，又买绳一根，油布一块，共用去二十元。想不到走到下关才置办了全份铺盖卷。自己扛了回来放在床上，大为安心。~~今夜不会挨冻了。~~

又去茶社吃茶，读人民日报上纪念中山先生的文章，有谢无量的一首五排，甚佳。末二句云，“空惭旧宾客，重到一徘徊。”

晚上大会秘书处送票来，去看滇剧《望夫云》。这是个大理有名的传说，但经过改编，味道就和《梁祝》差不多了。主角是一个猎夫，他和公主

20×15=300

第 25 页 P53

付953-978 B 8.560 [illegible]84.11.18

的来爱女写得颇为草草。原始的传说里把宫中的女子掳到玉局峰藏的是妖怪。后因女子畏寒，偷从老和尚处盗得穿了冬暖夏凉的袈裟。"僧觉之，以咒魇住，溺死于西洱水中，化一大石骡。俗呼为石骡子。女望之不归，遂郁死。精气化为云，名望夫云。每岁冬季现，即大风狂荡，有不将海中之石吹出不止之势。"(据《大理县志稿》)这是志书里记下的传说梗概，比在人民口中，就不知道还要丰富、生动多少倍。不用说，这比今天的戏中情节要缪多了。看这原始传说，和白蛇传是有些相似的。同样也有个造成爱情悲剧的糊涂老和尚，同样有袈裟出现，只是女妖与男妖的不同。难道妖怪就不能造为可爱的人物吗？为什么传说一改就变成公式化的东西呢？

20×15=300　　第 26 页　954

〔按，这里也打了红杠杠的地方批道，"说民间传说一路变成文化了。"〕

十时，不等我完就出来了。明月高照，风又大起来了。下关的风确是名实特别。

〔贵池吴铭道康熙中游滇，按从滇海荣门与光，诗题有云，"四月十五日，夜下二鼓，起步庭院，见点苍山雪绵亘如练，与月色相丽，数十里不断，光景奇绝，不能就卧。"又有"大理偶然一首"，题注云，"将至下关，风极大。马逆之却行数丈。屋声如震而不入屋。卧室烛影，荧荧自若。"诗云，"疾风撼土田，人马皆惊堕楼。屋瓦鸳如猛战，窗灯静不轻摇。"很能写出下关风的特色，风是大极了，但绝不飞砂走石。"风花雪月"一直被看作下关大理一带极有名的物事。这是毫不讲味的确有特色的。〕

20×15=300　　第27页　955

今天晚上盖了新买的棉毯、暖枕。一直睡到第二天早晨八时。

十一月十六日

早晨到茶馆吃茶，在这里听见人说"剑人塚"就在专署旁边的天宝公园里，就跑了去看。白族民族歌舞团的演员们就住在这里，她们正在草地上练习歌舞。找到了一位大理文化馆的同志，他告诉我女演员们正在练习"绕三灵"。这是为纪念唐天宝中一位南诏王的。每年四月廿五日，白族人民都到神都的圣源寺里来祭祀歌舞。唱的曲子直到现在还叫做"大白曲"，是从代表送妻的"大白"演化而来的。哭丧棒一变为二，上半变为"霸王鞭"，下半变为笛子。笛子是既可吹又能舞的。送葬时焚烧的缀着白纸钱的"摇钱树"，现在则化为柳树枝，上面缀着彩纸。歌舞形式依

20×15=300　　第25页

旧是从一向一带演化出来的一唱一说。本来说给死人听的一些吉利话改成了歌子。些的遗痕也依旧保存在“民家调”中。其中有许多就近于哭声的调子。至于端祭品的盘子，现在则化为八角鼓。

“绕三灵”一作“绕三年”，那自然是“三年之丧”的意思了。又说当作“绕桑林”，因为圣源寺后面有好大一片桑林，四月廿四日人们来祭拜神都，就在桑林里绕着，晚上就宿在这里的原故。

此外还有一种“双飞燕”，那是从另外的一种传说衍化出来的。南诏王的儿子娶媳妇，新媳妇婚后盖灶，手里拿着白布的手巾，一面走一面低着头拭泪。另外一批则是在演唱一种“吹吹腔”，（由农家演化而来的铁吻腔），是演述杜朝选的故事的。

给她们照了相，为一位老作曲家和演“大本

20×15=300

第 29 页 957

由"全家送礼"的少女照了相。又给剑侠英雄扎朝送和迎的龙灯的"蛟"照了一张。

至于那个万人冢，就在这西面的院子里，一个大圆坟，四周用石块叠起。前面有一块十多年前立的新碑，又重刻了"同治十二年提滇使者岑毓英"的碑记。这西面的大块大理石碑上写着"大唐天宝战士冢"。

唐天宝十年鲜于仲通率兵八万征南诏；十三年剑南留后李宓又率十万兵来攻，两次结局都是全军覆没，一共战死二十多万人。李宓还是被捉住沉在江里死掉的；鲜于"仅以身免"。当时唐朝的宰相是杨国忠，还要"以捷闻"，真是天大的笑话，说明唐玄宗的昏愚已经达到了怎样的程度。唐朝的中衰也不远了。南诏的领袖阁罗凤把唐兵战死者丛葬在这里，这就是"万人冢"。

20×15=300　　第 30 页　958

这地方是"龙尾关外，洱河之滨，赵凤仪西北部"。据说"风雨晦明，恒闻鬼泣"，万历副总兵官邓子龙诗以吊之"，鬼声才阒寂了。这首诗的原刻石岑毓英还曾见过，现已失去了，只能从岑山和诗前小序中读到，"麾将南征以捷闻，殊憐枯骨卧黄昏。唯有苍山六道雪，年年挂白吊忠魂。"邓是武将，丰城人。其镇姚关时，战功特著。而诗笔雄爽，不愧名将"（吴铭道《滇海集》"永昌间邓将军战处"诗注）邓子龙的诗，和他的身份是一致的。比起白居易的《新丰折臂翁》来，简直是一个大倒退。使人不能不感到白香山终于不能不是头脑清醒的伟大诗人。岑毓英的和诗也未坏。诗碑立于光绪十三年，立碑者是"提军赵榆要家"之黔西蔡标。他也有一段小记，"自西林去子嘴磨更此碣，于今七年。其间西南伏莽，窃发不时。

20×15=300

豪华第也，几无暇及之。而太子蟀蝶山又且兵矣。”纪中又说，“记壬申岁驻兵龙尾关，杜文秀犹死据郡城。日日攻之，朝去暮来，数月乃克。”然则这个茶楼又是镇压杜文秀的一个小头目。原碑杜文秀三字还是后来磨去重书的，想原文大概是“杜逆……”之类。

就在这座“万人冢”前面，住了多许白族代表，青年男女，一片欢歌漫舞的热闹景象。一切都改变了，完全彻底地改变了。

在饭店里吃了中饭，就到西大街口去乘车。

这里的车辆来去，一大队一大队的，是高级合作社派出来的，车上插着黄边的三角小红旗。也有只一匹马的“单邦”，运的是架子、木材、药材和糕饼坊用的柳枝……什么都有。二十年前还只是个小街子的下关，今天已发展为省相

20×15=300

第 32 页 960

当规模的市，商品集散的中心。

马车上有三排座位，一定要坐满了九个人才动身。每人要八分。

这是到保山去的公路。峰回路转，洱水就在两山之间流过，看到了"天生桥"，其实是人力凿开的一个石洞。路上还看到利用水力的厂房，但不知是什么了。

这座"桥"是有名的，在前人的诗集里常能看到吟咏它的诗篇，吴鉴若道集中称之为"天桥"，题下注云："迤蒙之衢，河海津处，有石梁曰天桥，望之胆慄，人不敢过。"说得未免有些夸张。

温泉就在右侧的山崖上，是一个小村落。温泉所在的建筑，很漂亮的，有几个房间，有双人浴的大池，也有单人的小池，都用大理石砌成浴缸。水温甚高，据说初学能进去三分钟

20×15=300　　第33页　961

洗脸洗澡。已经加了许多冷水，还是烫得很，比重庆的北温泉温度高一倍还不止，这才懂了称温泉的"温"。洗过之后，就在院子里休息，这里有扶疏的花木，有大理石制的圆桌石凳。太阳好极了。听着竟日的风声、泉声，仰视晴朗万里的蓝天、白云、苍山，真想记日记。

晚上地委举行宴会，庆祝白族自治州的成立。我们这一桌是记者席。同桌有一位下关市的副市长相陪，向我们介绍了一些大理地区的情况。他说洱河里有一种"弓鱼"，有大鳍，有时跳出水面，往往被误认为飞鸟。它跳到岩壁上就紧贴上面，不容易捉到，因此也就更觉名贵了。

席上有"乳扇"，这也是滇南的名物。其实就是牛奶皮子，中间有豆沙馅，炸了吃的。又

20×15=300　　第34页　　p62

有一种在雪梨里夹了糯米、红枣的甜食，吃起来大有蜂蜜味道。

席上还坐着穿了黄袈裟的鸡足山的老和尚。"鸡足"是佛国胜地，和尚曾经驻锡、徐霞客也有过介绍而驰名，每年有从西藏来的大量教徒朝山。解放前曾经遭到破坏的山上寺庙现已作了修整。

晚上看民族歌舞，有"全家送礼"、"花灯—十二月花"、"会情郎"、彝族舞等。最好的是邓川高寒山区演出的"白鹤舞"。一只装扮成的色彩鲜丽的大仙鹤，一个戴着绝大面具、白髯飘拂的南极仙翁，在铙钹、鼓与小锣的伴奏声中舞蹈，仙翁用金丹做诱饵要收伏白鹤，但却被鹤啄了。带浓郁地方彩色的舞蹈充满了轻快幽默的色调，在看惯了狮子舞的观众是特别感到新鲜有趣的。

十一月十七日 一丁墨初

963

20×15=300　　第 35 页

今天和中国青年报的记者同志一起到大理去，作陪的是大理团地工委的一位廿一岁的青年同志。

八时到古城。在等车时由一位大理师范的李老师谈大理史地种种，有如上了一课详尽的地理课。

李老师说，苍山要算是比较年轻的山，只有四十万年的年龄，是火成岩。洱海则是个陷落湖。苍山上石含碳酸钙甚高。山顶的洗马潭其实是个火山口，死火山积水成潭，就好像青天的样子。忽然想到是谁有这样好的兴致爬到山顶来洗马的。这是苍山的最高处，海拔4300公尺。山顶的树都极粗，但又极矮，那是因为山风太大的原故。罗汉松最多，至少也有二万年以上的树龄，也有原始森林。他曾爬上去看过，不

20×15=300　　第36页　　964

过气不很够，呼吸困难。

洱海本来就在苍山脚下。现在的大理城的地下就是海底岩。苍山十九峰的山溪年年冲下的沙石越积越多，海边也就愈挪愈远了。从著名的"三月街"的历史考察起来，也可以证明这推测是有根据的。这个物资交流集会的历史很久远了，在大理还没有形成以前它已存在。《水经注》和《广志》上都有记载。到今天"三月街"的地点始终固定在山坡上的一块地方，没有下移。

从李老师那里还听到火把节、望夫云等故事。又谈到回族英雄杜文秀的事迹。

当年杜文秀驻兵大理，命女儿守下关。和杜文秀一起起义的马如龙投降了。清朝给了马一个云南提督的官，其实是假的，真的提督是岑毓英。马向杜女劝降，她回大理与父親商议

20×15=300　　第 37 页　965

她一离开，下关就被留守的叛将献城了。清兵进到七星桥，大理被围。杜文秀嘱咐家小，不可受清兵侮辱，就亲自到七星桥来见岑毓英和杨玉科，他提出的条件是不得杀大理城中一人，他自己的生死是无所谓的。其实这时他早已服了孔雀胆，到大帐说完话后即陷入昏迷，随即死去。岑毓英斩下他的头，装在木笼里送到北京。皇帝又从北京带来一碗汤元赏给杨玉科。杨是把这碗发酸的汤元吃掉了的。

清兵当然没有遵守诺言，进大理后关起城门大杀四天，几乎把大理城里的人都杀光。据当天一些回族青年说，当时他们一半人都是手里拿着猪肉，嘴里衔着烟管才能逃出来。

关于杜文秀和岑毓英在七星桥相见时的对话，据说是这样。

20×15=300　　　　第 38 页　966

杜文秀在大帐外下轿，岑毓英迎到帐外道贺，“你是做了十八年大理国王的人，我应该以礼相待。”

“只要不杀老百姓，我的心就安了。”杜文秀把手一挥，从此就再也没有说话。

上车以后，一路上看见蛇骨塔，南诏碑，远处山脚下把当地人的墓塔，这些都只能等待回来以后再详访。那座有名的南诏德化碑已被放倒，用砖砌起来进行保护，只开了一个小小的窗口，我眯望了好半日只看见了一块石头。其实碑上的字迹早已残剥得厉害。后来在昆明书肆买得阮福的《滇南古金石录》才能读到残断的碑文。

到大理是十一时半，先到县委放下了东西就出来去一家饭店里吃饭。吃了一碟洱海的小鲤鱼，还放了辣子。价一元四角。

20×15=300

到文化馆去看陈列的文物。有阚祯兆的字幅，字写得不坏。另外就是钱南园、袁嘉谷的字。还有一块在明楼旧址重建的"文献楼"的旧匾额已经油漆一新。上四字"文献名邦"，康熙四十年辛巳"提督云南全省军门偏图"题。明代杨化雪的玉带、纱帽，都已破旧不堪。

在文化馆後面的茶社里吃茶。院里有一株山茶树，只开着一朵小小的白花。大理是有名的花城，来得不凑巧，过了花时。看到这些小小的茶花，也算是"慰情聊胜"了。另外还有些映山红、映山白、丁香，都是小花。

到大理中学。这里原来是杨玉科的"宫殿"，门前雕着八个凤。被一位乡绅向朝廷告发，皇帝大怒，必须他出去份钱。杨玉科很有办法，指出这座府的作为"西云书院"的院址。他到了铁布关二馆

20×15＝300　　第 40 页　968

子林军中，与法国侵略军作战时中炮而死，结局倒还不错。

这座府第共有五进。修了走马转角楼，从第一进起，可以不必下楼从楼上回廊一直走进去。花园里有一座"桂亭"，亭中有不少刻石，从刻石上可以知道杨玉科的封号是"一等男"，追赠太子少保。

从这里走出去，到城外的三塔寺去。中间一座塔有十六级，高48丈，又称"千寻塔"。旁边是两座小塔。照谢在杭的说法，"中者高三十丈，外方内空。其二差小。……云贞观六年尉迟敬德监造。开元初，南诏修之。"现在的塔已非唐时遗物。照我看，倒是两座小塔来得更古朴些，中塔有浮雕，美丽清俏。

拜别塔身前面寺前。有额，大书"永镇山川"

四字；又乾隆辛亥知大理府事铁岑杨公桂的"重修崇圣寺塔记"。

谢在杭说这塔是造来"以厌龙"的。当地人也如此说。三塔下所压的龙王四，大塔压龙头，二小塔压龙腰，远处一塔寺的塔压的则是龙尾。下关有"龙尾关"，当和这传说也有关系。吴铭道说，三塔寺的黄华碑，"碑在林虑山，金学士王庭筠书，黄华老人其自号也，李中溪摹刻于此。"诗云：

"寺古春云开玉镜，山高挂雪落寒林。半窗风竹青涵客，不遣西光底事深。"

"西寺林西日夕黄，半天[illegible]叶古祠堂。千年台榭无人住，只道青山护佛王。"

可见康熙中，这崇圣寺还没有全毁。

从三塔寺回来，走到大理城门处等马车。

20×15=300　　第42页　970

等了半天还不来，看看好象没有希望了，在傍晚时分终于等到了一部。车子装得要散架，马也老得很。坐上去都有些担心。太阳就要落山了，冷了起来。马车走得极慢，颠簸着，走走停停，这十七里的路足足走了两个半小时。可是一路上的风光美极了。在车上看到苍山上的积雪，看到开采大理石的峰峦，看到了鸡足山的一角和山顶的金塔，看到了夕阳影里变得红、紫、黯蓝的远山。背光还有一望无际的冷蓝的洱海。这一切仿佛是艳丽色彩的堆集，瞬息万变，简直就是万花筒中的世界。

在天色完全黑下来的时候到了喜洲。把行李寄放在一所中学里。这学校规模不小，而且有电灯，是本乡自己发电的。后来才知道这学校

20×15=300　　第 43 页　971

是有名的云南少数民族之商业世家建造的。他们都是白族，都是喜洲人。好象已经成为一种常规了，有钱的人许多都有"造福乡梓"的念头。

吃完饭我们到民族之商世家之一的他父亲建造的海心亭去。

月明星稀。穿过乡下的石板路，看见不少"进士第"、"翰林院"的名牌坊，原来很久以来这地方的"文风"就是极盛的。

[以下是两三页空白。原是预备以后补记的，但终于没有记。现在只记得曾在有月色的夜晚游洱海泛舟。]

十一月十九日

预购回昆明车票。

饭后又到温泉去，在一个供二人用的大池内洗浴，浴后又在院子里抄《大理古代文化史》。

20×15=300　　第44页　　972

今天太阳不大，风却不小，没有上次好了。

晚饭后去看京剧《程大雪》。一开幕就出来一群挑夫，其中有投奔赤城去的，说了半天，只是在说明那投过去没有打过老虎而已，又大唱四平调。但布景是美丽的。

等投奔赤城去人出场我就先回来了。看见那位记者，他说要写一篇大理的情况介绍，到晚上还写不出。只想好了第一句，"一层层白白的银雪，轻轻地落在苍山顶上。"问我好不好，还向我打听，这两天苍山顶上到底有没有雪？最后恨恨地说，"本来要另一位同志来的，忽然不来了，这担子就落在我的头上。他妈的！"

十一月廿日

一早就起来，天还不曾亮。

李李霓霓把我那个大得不堪的棉絮被包去

第45页

好，请一位白族妇女拿到车站。

坐在车子最后一排的座位上。车子走走停停。途中看见一位新娘子在山路上走，穿了一套新做的宝蓝缎衫裤，戴着黑毡帽罩，帽沿镶了一条红边，胸前挂了一块颇大的长方形镜子。后面跟着一个汉子，挑了一对竹筐，放着簇新的大红被子。

下午二时半，车过姚安的普淜。

在爬天子庙坡的时候，忽然有一头小豹子从车头前面窜过去，跳到山坡上去了。车里的几个解放军大叫起来，车停下，两三个解放军飞也似的跑上了山，可是没有找着。我还看见那豹在山坡的密林中跳跃了几下。在深山大泽里的动物，看起来比关在动物园里到底有生气得多。

傍晚在漾、细西中探南华县。这地方本来

20×15=300 第 46 页 374

叫"镇南"，是个穷苦的小县城，公路汽车站对过有一座城楼，上面有"龙泉门"三字。走进城门去找旅馆，走在仅有的一条石板路上走过，两边都是破旧的房子，没有什么旅馆，新开的人民银行和百货公司的崭新的招牌上的红字显得格外醒目。

走回来时，同车的人早已把铺盖取走了。我跟踪上去，唯一的一家"大旅社"竟在车站对过。一楼一底，三大开间。[illegible]跑上楼去一看，黑洞洞的房子里用木板并排搭起了大统铺。每间都挤得满满的，至少睡三十个人。好容易找到一个空档放下了行李。

下楼去吃面，每碗二角。面[illegible]像，面上放了鸡枞，这是云南的名产菌类，但泥沙已没有洗净，一点都不好吃。

20×15=300　第47页　975

吴梅村道中有《雨过镇南》诗，有"青峰云外柴门……翠绿和……州城古戍，野桂侵寺低"的句子。倒颇能传出这个小城的丰神。

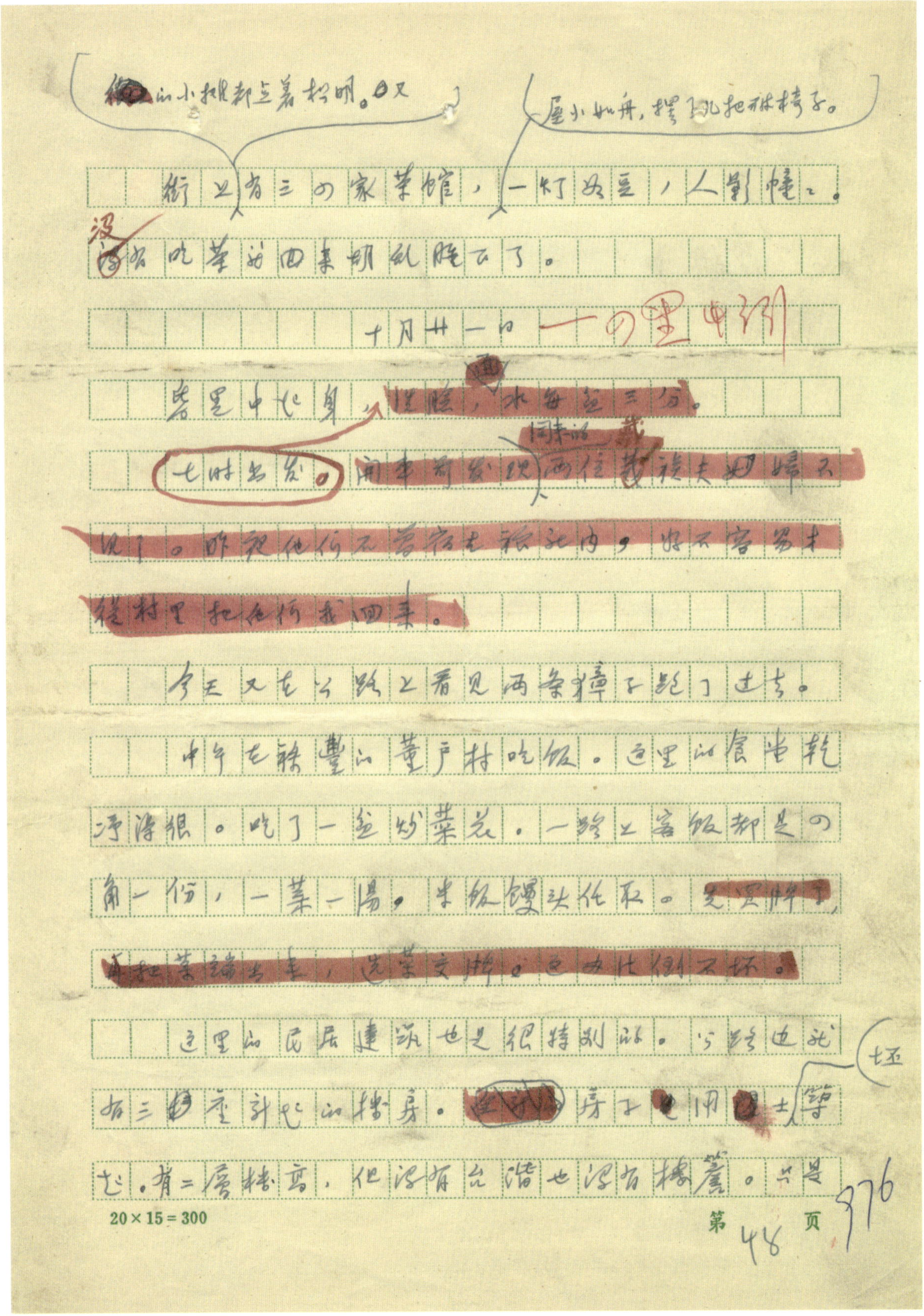

街上的小摊都点着松明。又
屋小如舟，摆了几把破椅子。
街上有三四家茶馆，一灯如豆，人影幢幢。
没有吃茶就回来胡乱睡下了。

十月廿一日 一の里中训

客里中起身，洗脸，水每盆三分。

七时出发。开车前发现两位同车的裁缝夫妇不见了。昨夜他们不曾宿在旅社内，好不容易才从村里把他们找回来。

今天又在公路上看见两条獐子跑了过去。

中午在禄丰的黄户村吃饭。这里的食堂干净得很。吃了一盆炒菜花。一路上客饭都是四角一份，一菜一汤，米饭馒头任取。先买饭票，再把菜端出来，吃完交钱。这办法倒不坏。

这里的民居建筑也是很特别的。公路边就有三幢二层红的楼房。这些房子也用土坯土墼垒起，有二层楼高，但没有台阶也没有楼梯。只是

20×15=300

第 48 页 376

那么长长的一条，上面覆着瓦，下面开一个狭长的小门，上面一扇极小的窗。每两座房子之间有一个低低的马厩，也盖着瓦顶，与两屋腰部相接。在厩顶放着一架活动的木梯，通往楼侧开出的一个洞里。登楼时得先爬上马厩才行。

这里的名产是刀剪。买了一把很好的小刀，价七角。又买了把中等的剪子。

这两天在车上把鲁迅先生的《故事新编》又读了一遍。又看到文艺报上关于此书性质的争论。有人说是历史小说，有人说是讽刺小说。其实我看都不是。这些与《魏晋风度及文章与药及酒之关系》同样性质的东西，只是採取了小说速写的形式。总之，套用"文学概论"里的定义来套是不行的。

下午五时过安宁，很快就爬上西山的背后，

20×15=300　　第 49 页　977

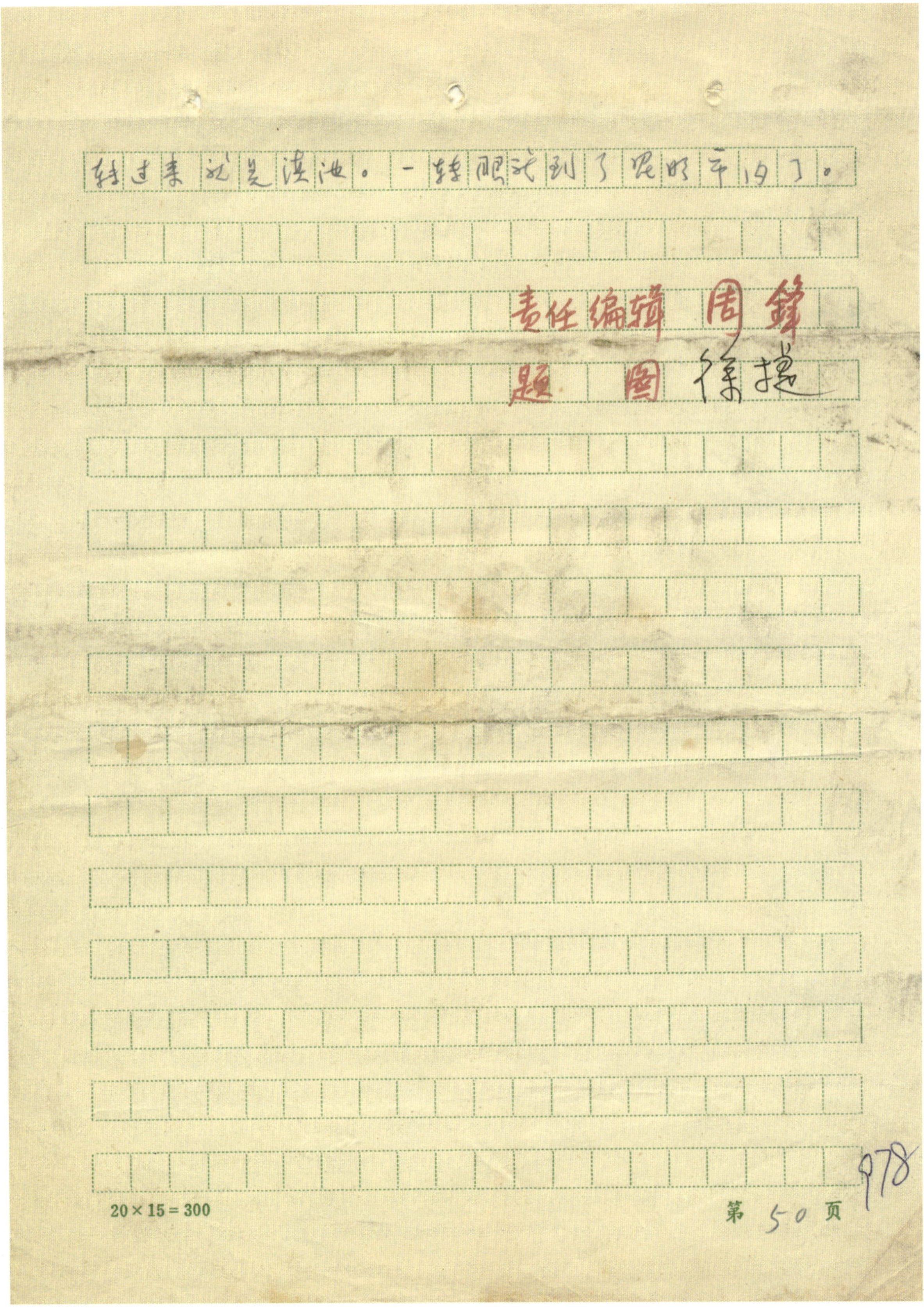

转过来就是滇池。一转眼就到了昆明市内了。

责任编辑　周锋

题图　徐捷

20×15=300

第 50 页

978

（徐国卫　藏）

暑热草　黄裳

我家在抗战前一年从北方移居上海。记得第一次从天津回家度暑假，就领略了江南夏日的滋味。至今还记得来了睡在铺了竹席的地板上，便看见了楼下的光景。当时比较了北方与江南的气候，得出的结论是，热并不可怕，但闷却难当。楼下是阴凉的，几乎看不到阳光，旧小说中所说的神仙洞府也不过如此。静静地睡着，不想也不动，这是祖母教给我的"心静自然凉"的秘方。但这一切都无多大用处，汗水还是从全身不停地沁出来，即使频频辗转反侧，席子上还是一片汗渍。这个时候不是用功的时候，随便拖一本闲书来看，就是去"消夏"。就在翻翻时碰上了一本北极阁周刊的合订本，读到了蔡襄的一通信札的手迹。蔡君谟的字写得是漂亮

20×15=300　　第 1 页

的，但我以为内容还要好。这是他寄给朋友的一封信，为天气炎热诉苦，原文已经记不得，但他刻画"毒热"的酷暑的那些话，就实在再深刻生动不过。黎蒙是福建人，从小生长在南国滨海地区，理应对炎热的气候有丰富的经验、锻炼，和适应性，但他还是那样叫苦，看了不能不使人产生同感与同情。小札本来没有题目，因为是著名书家的墨迹，所以被称为"暑热帖"。

今年上海热得早，高温持续的时间长，一连八天最高都在摄氏三十五度上下，而且入夜也不退，风更是如一缕。加上住处正在大修，区内杂乱，土物零乱，只得每日东迁西移，读书工作都谈不上了。报上说北方来了一股冷空气，可能带来一些清凉，但不幸冷空气太弱，不是顽固的热浪的对手，"一触即溃"了，还是

得到了一个好名字，

风鉴吼得人心慌，

在南国滨海地区

20×15=300　　第 2 页

趣。

"心静自然凉"的秘方已被证明是无效的了，何况实行起来也艰难。我想这些得看看，有些也有时翻翻，这样，就不免要随时想到一些人和事，触发一些"随感"。若不随手记下，怕只能让它化为烟雾。许久以来，也确实养成习惯了，书桌上摊了写字的，其实，这是没有想到的。年轻时有许多文字就是在茶馆、咖啡馆、图书馆……以至校舍的石阶、汽车的水箱盖上写成的，仿佛只能是自己的到处都有自己的书桌。这些随感也是在不同时期不同地方的桌子上写成的。

把这些零乱的感想随时记下，并学样取了一个总的题目——"暑热草"。

《围城》

朋友来信，托我找一本刘西渭的评论集。

20×15=300　　第 3 页

早日惝恍得很，竟不知曾有这样一本评论出版。后经打听，才找来了宁夏人民出版社1983年3月第一版的《李健吾文学评论选》，看看印数，只有2500本，难怪书店里看不见。刘西渭是李健吾写文学评论时用的笔名；三十年代刘西渭曾印过两本《咀华集》，这些年知道的人已经很少了。这本文论选卷末有写作者的后记，是现在他自己生前手订的。

这本文论选收入的文字，从1931年的评朱大枏的诗"开始，而殿以1980年所作的"重读《围城》"。中间跨过了五十年。实际上，解放以后，作者就真不在文艺评论的圈子里"高谈阔论"了。因此我就拿先读这篇"压卷之作"。李健吾说，"这是一部讽刺小说"，又说，"是一个讽世之作、一部新的《儒林外史》"，并感叹地说，"他（指《围城》的作者）鞭挞世道人心啊！"

20×15＝300　第4页

这些只是对《围城》的一种看法，也不知道是否准确。《围城》自出世以来，读者意见纷纭，其转变之大也是惊人的。对作者的笔墨好象意见倒没有什么分歧，都说它好。此外，可就很不一致了。李健吾指出作者非常关心世道人心，这话过去不见有谁说过，也许是我的孤陋寡闻，没有看见。不过我以为这话说得是好的。《围城》是一本正经的，在嬉笑怒骂的外衣掩盖下，有着非常严肃的内容。能看出这一点，是评论家的好眼光。李健吾又指出作品中竟然处在一个抗战时期的大时代里，也说得平实。曾经听见过这样的意见，《红楼梦》的缺陷在于没有正面反映农村里的阶级斗争，因此不配称为"封建社会的百科全书"，觉得不大好理解。难道曹雪芹一定要写农民起义，才算完整地反映了封建社会的面貌么？

评论家的意见

当年也许多篇幅来

20×15=300

第 5 页

《围城》是一部写知识分子的书，作者也是知识分子，但他解剖起知识分子来是不留情面的，有时简直到了残忍的地步。这是一个有意思的现象。在过去，皇帝有时也下罪己诏，也下令编纂《历代君鉴》这样的书，但多半是装潢门面的，只有几句套话。其他各行各业大概也如此。自我批评是有用心的，因此也一定是不诚实的。只有知识分子例外，出了个《儒林外史》的吴敬梓。当然还有曹雪芹，他的眼光看得更广，批判锋芒遍及封建社会的末世，因此他更伟大。他们都是叛逆者，从旧营垒中跳出来，反戈一击，针对[illegible]攻击。《围城》继承的正是这个传统，但作品更多用讽刺的手法，因此容易被人看做是新《儒林外史》。作品完成于解放前夕，作者并不能预见未来岁月中知识分子的历史道路，当然

人物的自我批评也

群中却有了

末世

的人物

因为所反映的只是那个大时代知识分子的局部的图景也

了更深刻的

20×15=300　　第 6 页

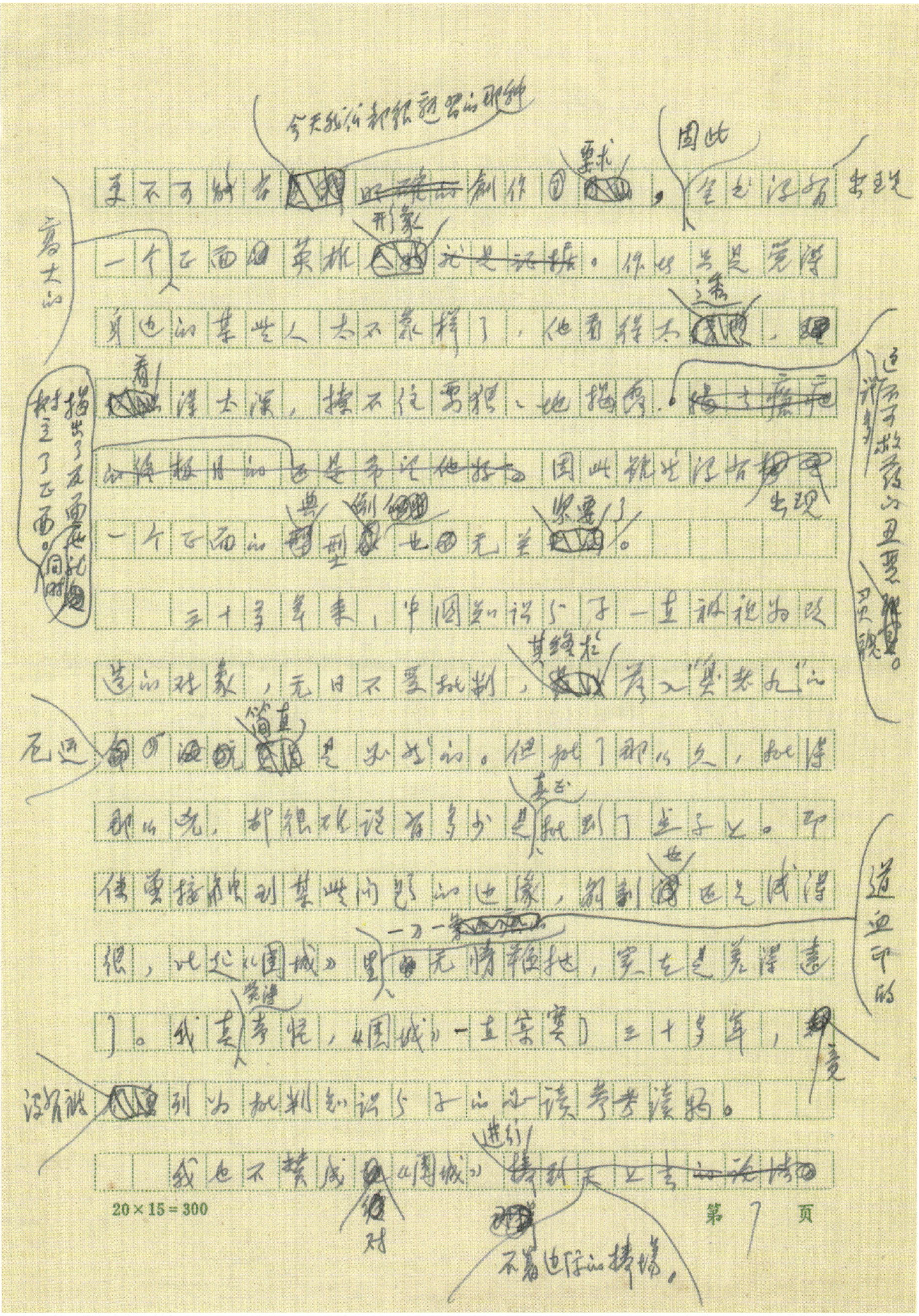

是不可能有今天我们都很熟悉的那种创作的默契，因此全书没有出现一个高大的正面的英雄形象。作者只是觉得身边的某些人太不象样了，他看得太透，看得太深，按不住要揭、地描写。因此就没有出现一个正面的典型，创作也无关紧要了。

三十多年来，中国知识分子一直被视为改造的对象，无日不受批判，其终于落入"臭老九"的厄运简直是必然的。但批了那么久，批得那么凶，却很难说有多少是批到了点子上。印象里接触到某些问题的边缘，斜刺也过去就得很，比之《围城》里一刀一…的无情鞭挞，实在是差得远了。我觉得奇怪，《围城》一直寂寞了三十多年，竟没有被列为批判知识分子的必读参考读物。

我也不赞成对《围城》进行不着边际的捧场。

20×15=300　第7页

换句话说，作者写了一层小花脸，但放过了大白脸。

小说是有它的局限性的。作者能够揭露了知识分子的隐藏的丑恶面，但书中世界狭深处至为肮脏的东西都还是偏择了，比贪污、投票、卖放取官，踏着同伴的尸首向上爬，用同伴的鲜血染红自己官帽的顶子之类就不见了。我们当然不能要求小说来写"推背图"，写自己没有见过的事物。但这一套其实都已是老花样了，表现方式或有些不同，但都是有老谱可循的。

谁能摆脱局限性呢？我不也提出过《围城》提应成为反映知识分子的百科全书这样无理的要求。

作者若有兴致，把对待《围城》的种种议论，一一姿态用他那支笔写下来，那将来正会成为一篇讽刺小说，一本《新儒林外史》的吧。

20×15=300　　第 8 页

西谛书话

得到新印成的两册《西谛书话》，很快地翻了一过。西谛先生所写的关于书的零星文字，大抵都在这里了。其中有些曾印成过单行本，至多的是过去某印的散篇，平时想找很不容易，现在能方便地读到，真是值得感谢的。其中的《漫步书林》还在作者手里印过单行本。因此想，编后记，说明各篇的出处，并进一步围绕作者说些什么，那就更好了。

（编辑的体例、编辑经过）

重读《漫步书林》中的谈买书、访书、整书、分书、印书诸篇，有些感慨。这是西谛就任了中央文化部门领导以后的工作总结、调查报告和建设性的意见。他写成了漫谈的样式，没有作报告的正规气；随宜举例，恰切生动，可见他对全局以至细部了解之深透，不是

20×15=300　第9页

终日坐在围城里吃茶画圈所能设想得到的；他所看到的问题，引起的注意，提出的设想，都是切中要害、切实可行的，这说明以一个真正的内行去领导岗位上是多么必要。至于他想要把祖国文化遗产的历史源流作出贯串的线索，是写出这些篇章的重要的动力，也是他毕生事业的主要动力，那就更不待说了。

这几篇文字写于1956年，发表在人民日报上，但好像并未引起应有的重视。因此今天读来，有些依旧有现实意义，依旧是当前迫切需要解决的问题。但也有个别建议已经失去了时效，二十年过去，线装书已经成为罕见的珍品，组织专家大举外出访书，已经没有必要了。老一辈的内行、专家也已凋零殆尽，如要进行那种规模、要求的访书活动也几乎是不可能的了。

20×15=300　　第10页

西谛当时已经看到了许多问题的严重性。新建的学校一样需要有关的大量出现，图书资料的需要激增，贼之绝无的使用，贼之"豪富"的大量出现，已经极度遗产的图书资源的不合理局面，和因而造成的全国藏书分布的不平衡……。这些都是普遍存在着的，更因十年动乱而更增加了严重性与紧迫性。至于大量已经掌握在国家书藏机构中的文献资料，已经整理、编目，可供利用的只是极少数，绝大多数还堆积在书库里不见天日，常常还面临着各种各样的毁坏的危险。怎样将这些珍贵的文献资料有重点有步骤的重印，无疑是一个伟大的工程，这也西谛早已有了初步设想的轮廓。他的计划总是那么庞大，细致，好象是永远也不会完成的"空想"，事实上西谛平生所作的也大半是有关文

20×15=300　　第 11 页

底的工作，但这是不能责怪他们的。这些本来就不是个人能够完成的工作。但等他有可能开始使这些"梦想"付之实现时，他却无声地去了。

三十年后的今天，他当年提出的许多问题，并未得到很好的解决，有的更加严重了；他所不能发现的新问题又一个个冒了出来。这就使人们不能不深深地怀念西谛，对他的过早离去而感到惋惜。

前不久遇见江南一位名城的文化部门负责人，闲谈中谈起这个文物学称丰富的城市的文物保存现状。听到不少拨乱反正中出现的故事。十年动乱初期，著名收藏家的文物被细载而去，集中在广场上，准备焚毁。一些图书馆工作者冒着风险去这堆中进行紧张的拣选抢救，终于拿回了一大批善本、珍本。现在要拨乱反正了，一一发还原主，有些作了大好事的抢救出

20×15=300　　第12页

就思想不通，他们不同意发还，说，"这些书都是我们辛辛苦苦、冒险抢回来的。早知如此，当年大可不必多费手脚，倒是一把火烧光来得干净！"

去年一个城市的博物馆主办了书画展览，展品中有些是"文革"中抄家而来的精品。被抄者观后不免发现了，要求物归原主。博物馆当事的同志有人说不同意，他们举出的理由是，这些书画抄来时已经破烂不堪，是博物馆花了不少人力物力重新装裱过的。今天就这样发还原主，也未免有些想不通。

这些都是鸡毛蒜皮，存在于人们头脑里的思想问题。若用哈哈一笑的态度轻轻放过是不行的。这中间至少包含着几种思想观念。文化大革命是一场大浩劫，这已经没有争议了，

20×15=300　　第13页

但也似乎带来了某种"成果"。书画、文物、书籍这些散落在民间的东西，经那一场大乱是不会容易被发现、集中起来的。不待说毁灭了极大部分，只剩下一点点，也还是一种"成果"。而且不论这些东西是用怎样的手段取得的，只要一进入公库，仿佛就一切合理也合法了，不应再加以改变。动机与效果在这里是割裂开来不以"分别观之"的。

这种"说不通"是不以触类旁通，普遍运用于不同行业、部门、时间、场合的。理家人们只记得局部，却忘却了全局。拯救文物于濒临毁灭，作出了好事，有人但在这之前、之后呢，却没有谁来思考和表述一下。爱惜、保护文化遗产是一种美德，但如离开了民主与法制的制约，那将出现怎样一种局面呢？所以归根结底，还是得从

20×15=300　　第14页

根本上做起，那就是彻底否定文化大革命。要以清醒地承认，这场内乱中决无任何值得肯定的事物。因为实际上都是属于同一性质并为之服务的。

要彻底解决这类思想问题，还需要花很多时间与力气。

诗外

我有一部中华书局1937年11月铅字排印线装本的众异[illegible]《爰居阁诗》，是无意中从旧书店里买得来的。书前有作者手题"剑还五兄吟定"六字。据书店中人说，中华书局当时排印了梁鸿志与黄濬两人的诗集，但都没有公开发售，随即销毁了。因为书印成时，抗战已经开始。黄秋岳因为泄露重要军事机密被处决，另一位诗

20×15=300　　第15页

人"梁鸿志，没有好久也"出山"当了"维新政府"的首脑。他上任以后随即用木板精刻了黄秋岳和自己的诗集，后来市上流传的大抵就是这本刻本。他们都是闽派"诗人"，都是汉奸，同被处决。因此人们戏说，这真是"黄梁一梦"了。

这三册书是他送给夏敬观的，书前钤了两方印记，"名山诗体"和"功夫在诗外"。我看了不禁失笑。免不了要想，梁鸿志的"诗外功夫"到底是什么呢？

"功夫在诗外"是陆放翁的名句。放翁总结平生学诗的经验，归结为这么一句话，是他"留赠后人"的经验总结，一直非常有名。这是一种大彻大悟后的感慨，表现了一种无可奈何之情的声口，颇有"朝闻道夕死可矣"的意味。汲古阁刻的《剑南诗稿》足有一尺来高，说明诗人

20×15=300　　第 16 页

非比寻常的勤奋。当然这中间不会全是佳作。放翁并没有说到哪些作品是他认为满意的，哪些不是，甚至是失败之作。很是可惜。但从"功夫在诗外"这句话里，也仍然流露出一点微意，那就是他认为过去写诗花的"功夫"是白白浪费了，很多力气都没有用在点子上。

梁鸿志的诗有一定的功力，在闽派诗人中自有他的位置，比起黄秋岳来还要好一些，较少那种故意模拟宋诗的尖镌枯涩之病。但器局是小的，情感是卑微的，趣味是低级的。诗与人分不开，人既是那样一个人，来往的又是那一群人，过着荒淫靡乱的生活。技巧再高也帮不了什么忙。这些话当然是就他还不曾落水以前的诗而言。例如集中有"金陵杂诗十四绝句"，就可以说明这种特色。他

20×15=300　　第17页

佩服王安石，说"最恨白下谭麈吏，志业难行直到今。"表面上是同情王介甫的新法，实际也借以自况，梁鸿志的"志业"是什么呢？不过是安福系政客的丑恶行径而已。他还佩服顾亭林，这也只是随声附合，佩服曾国藩倒是真心实意的，

"幼学工文未解兵，曾提一旅定江淮。眼中寥望何时息，天保城南静劫灰。"

他想望有曾国藩那样的人物出现，来荡平眼前的"寥望"，也许他觉得自己就是这样的人物，可惜"人境香雨吾谁共"，没有遇见能赏识自己的主子。但后来终于找到了这样的主子，日本帝国主义者，踌躇满志地又回到南京，当上了"维新政府"的头目。

梁鸿志投敌以后还印过一本《爰居阁诗续》，

20×15=300　　第16页

铅印大册线装，流传更少。集中收1938至1940年诗，凡九十一首。从"誓挽狂澜如此水"开始，到"双手维持天下溺，更休资望一沉吟"，写出了他终于下定了决心当汉奸的"理论"与"实践"过程。

到了1939年，有"佳日"一诗，

"揽却文章即酒杯，骎骎佳日去难回。身是春茧重重缚，心似芳薪寸寸灰。阶下弓刀数儿戏，眼中幢节几人才。鞭笞云雨寻常事，只惜秦人不自哀。"

在我看，这首诗不愧为"不羞之作"。我曾说过，在中国文学史上，有一种"二臣文学"，从苏李诗开始（姑不论伪者之说）一直发展到钱牧斋、吴梅村，其中保存一条明晰的线索，这是客观存在，不能视而不见。他们写的是背叛了国家民族之后的心情与处境，如字字真实、诚

不曾引起史家的注意。

20×15=300　　第 19 页

想，就都有留存价值，作为后人研究验证的资料。事物总有两个方面，既有志士仁人的慷慨激昂之作，也必有委琐小人抒写阴暗心理之什。两者合而观之，才能见事物较近真实的面貌。周作人的"苦茶庵打油诗"也是一个好例。

梁鸿志在这件里写出了一个傀儡的处境与内心。他对日寇也是不满的，但这只是一种妾妇的怨懟；汪精卫大头目的排场、生活，只用了"阶下弓刀"四字就活现的表达出来了，比之"沐猴而冠"要还要更逼真贴切。在这一点上，他比"双照楼主人"（汪精卫）要老实坦率些，后者的诗就不大肯直率地写出这种内面，更婉曲更迷离，但也总是可以感觉得到一个人的心灵无论如何也掩盖不住的。

诗外的"功夫"，也就在那里是明白清楚的。

20×15＝300　　第 20 页

可以用"士先器识而后文艺"一句老话来概括。要作一个诗人，首先要作一个真正的人。此外当然还包含着作家世态人情、山川风物的"功夫"在内。只有在这里无疑是大大地阐明了这"诗外功夫"，达到了可贵的地步。也从此地得到了应有的下场。

直到今天，是不是还有人对放翁的"诗外功夫"有意无意地加以曲解而阐明，实在也还是很有趣的问题。作家不写作品，不用功学研究生活，却来搞一些"诗外"功夫，争名位次，抢地位，抢地盘，弄得一片乌烟瘴气的事也并不是没有。有些事甚至还是象以新东京梦记里的故事，这是不能不引起人们的愤慨的。

一九八〇、八月写，一九八五、一月改。

20×15＝300　　　　第 21 页

（徐国卫　藏）

“光棍”的诗集　　黄裳

No. 1

叶名沣是晚清一位不甚知名的藏书家。他的《敦夙好斋诗续编》是胡心耘用木活字排印的，流传很少，书中有很多咏海王村的诗，都是有关琉璃厂的有价值的史料。例如这一首，“曾仿渔洋绘载书，十年前事溯从予。补亡未许酬三箧，续富今难说五车。昨日清游东部後，归来啸傲长衍庐。海王村畔怀游侣，大似黄公旧酒垆。”诗后原有小注，“谓徐星伯、刘燕庭、梅伯言诸丈，与名沣同有嗜书之癖。琉璃厂旧名时也名海王村。”

这正是介於李文藻的《琉璃厂书肆记》与缪荃荪《续记》之间的厂肆史料。名沣字润臣，是叶志诜的儿子，叶名琛的弟弟。平生只留下了两部诗集和一本谈易经的小书，只好说是《桥西杂记》，身后由赵之谦收拾，潘祖荫付刻。他的藏书好象都留在杭州，身后陆续散出。直到二十多年前还偶有发现。他好象并不重视宋元旧刻，只留心搜罗精美稀少的清代刻本，眼光颇高，从一些遗藏中可以看出。我曾得到过几种，只不过是乾嘉以后的刻本，但都是可读并有文献价值的。张绣虎的集子就是其中之一。

这里想加以介绍的

《柳云集》十七卷，乾隆刻本。题“钱唐张贲绣虎氏稿”。前有乾隆壬申陈撰序，顺治庚子（十七年）钱谦益旧序。目录前钤有“汉阳叶名沣润臣甫印”白文小方印。书刻得并不精，可见

由元孙大绅校刻，

我的稿纸（横直两用）　20×25=500　　香港上海书局监製

No. 2

张家後人是家境穷迫，但到底将这部遗稿刻出来了，又幸而逃过了禁网，也没有什么人称说。《贩书偶记》著录，归入"雍正至乾隆"时期，那是看了陈撰的刻书序的原故。其实这是应该列入清初的。

叶绣灵这名字很陌生。看了文集，知道他是被流放到尚阳堡去的流人。又查孟心史的《丛刊》，果然发现了他的事迹。在《科场案》的"顺天闱"一案里，叶绣灵的名字列於案犯的最末，原拟的处分是"应立绞"，不过皇帝发了善心，谕旨说"但多犯一时处死，於心不忍，俱从宽免死，各责四十板，流徙尚阳堡"。不过在这之前，已把考官和中式举人等七人正法了。这就是有名的丁酉科场大狱。（顺治十四年）

科场案不过是考官受贿，举子登科的老套，心史先生指出，"有清代乃兴科场大案，草菅人命，甚至弟兄叔侄，连坐而同科，罪有甚於大逆。无非重加其罔民之力，束缚而驰骤之"。则是与过去的"常规"不同的。用这方法挑起汉族士子之间的矛盾，加深人们对科举的隔阂，达到"天下英雄入我彀中"的目的，乃是这一政策的核心。心史先生的看法是深刻的。

叶绣灵的罪名是"挟诈"，《东华录》里没有记，别见於《丁酉北闱大狱记略》：

我的稿纸 （横直两用） 20×25=500 香港上海书局监製

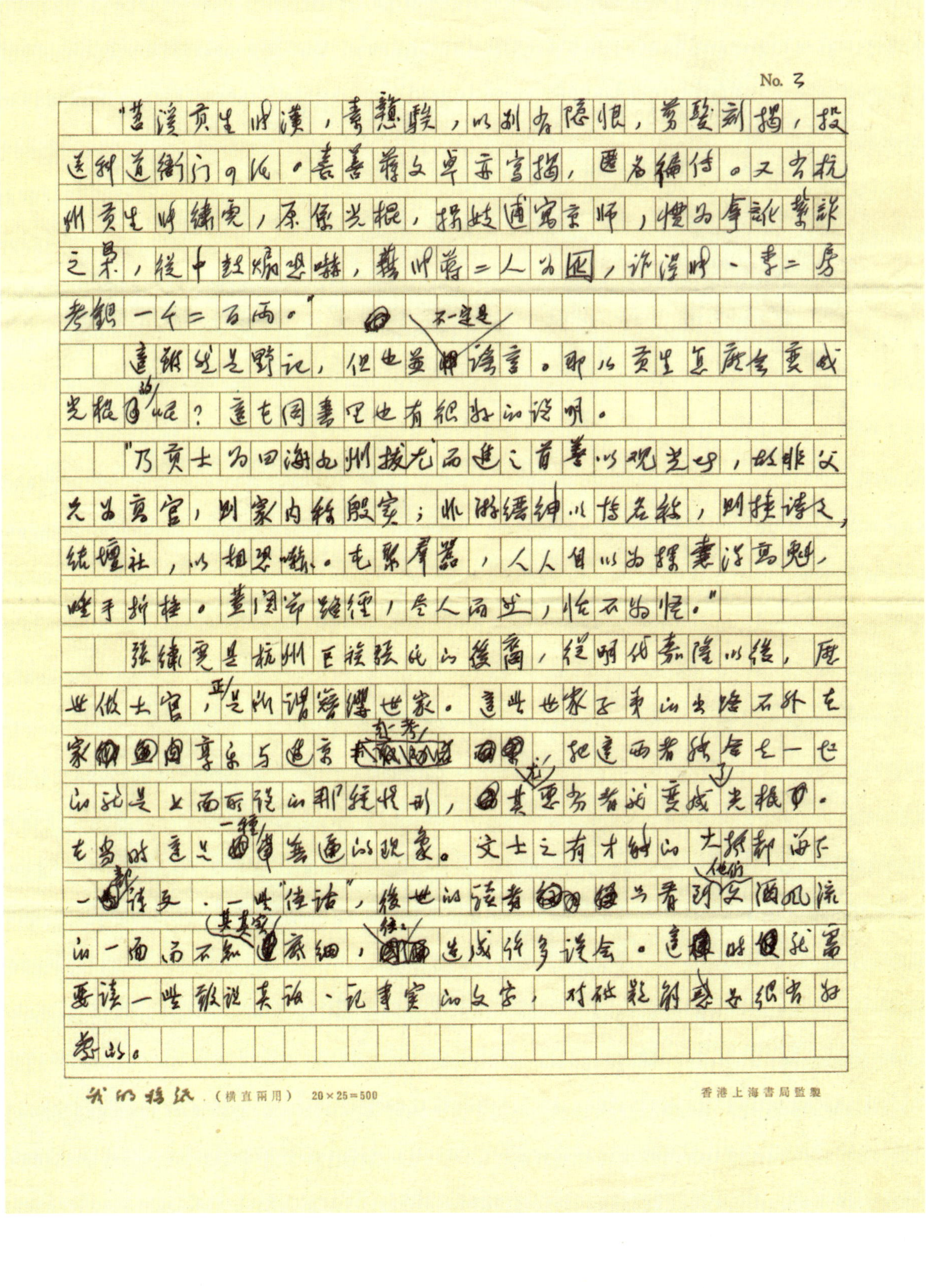

No. 3

"嘉善貢生曹漢，善謔詼，以刺人隐恨，蒐發刻揭，投送科道衙门的。嘉善籍文卓亦官揭，匿名编传。又有杭州貢生张绣虎，原係光棍，挟妓通宵京师，惯为拿讹挟诈之策，從中鼓煽恐吓，藉此营二人为匣，詐得時、李二房考銀一千二百两。"

這雖然是野記，但也不一定是謠言。那么貢生怎么会变成光棍的呢？這在同書里也有很好的說明。

"乃貢士为四海九州拔尤而進之首善以观光也，故非父兄为京官，則家内稍殷实；非游縉紳以博名教，則挟詩文，結壇社，以相恐吓。毛聚群嚣，人人自以为探囊得高魁，唾手折桂。董闱節路徑，登人而进，恬不为怪。"

張绣虎是杭州巨族張氏的後裔，從明代嘉隆以後，歷世做大官，正是所謂簪纓世家。這些世家子弟的出路不外在家享乐与進京赶考，把這两者結合在一起的就是上面所說的那種批判，尤其是劣者就变成了光棍。

在当时這是一種普遍的現象。文士之有才能的大抵都留下一些詩文、一些"佳話"，後世的讀者只看到他们文酒風流的一面而不知其真实底细，往往造成许多誤会。這時我们需要讀一些敘說真話、記事实的文字，对破除错觉是很有好處的。

我的稿纸（横直兩用） 20×25=500　　香港上海書局監製

No. 4

《治要赘》上卷就编入了五篇"筹略"和"广人才"、"裁军需"、"均役赋"等论文，正如陈瑚序中所说，都是"有关世教，广风俗"、"深理指事，胸储而策画"的文字。从晚明以来，读书人论政的风气大盛，至今还留下了不少选家编定的总集，煌煌巨製，读这些书籍使人气闷，重要原因是空话多。但张续霓则不同，他虽指出了一些晚明议论的弊端，提出过一些救时的方法，虽然不免也作豪言壮语，其实还要算是个清醒的明白人。例如对八股文，他就多次表示了不满，

"举天下之精神智虑，而毕力于科目也，盖二百七十余年矣。习俗至深，虽有豪杰之士，十九俯首而习章句。"又说，"自今制科取士之法，当稍更其体制，而变通于八股之外。"这些话今天看来平常，在当时则是判断一个人明达与否的重要标准。他对"祖宗成法"的态度是，应该重实而不重名，反对象王安石那样的"以周官治宋而宋乱"的复古倾向。他说，"夫衣食者，生人之大命也。今语人曰，'而衣必方领而食必木豆也，非是则饥寒以死也。'则必拂然去之，无肯听说明矣。天下有甚名甚美而其实不适于用者，是亦方领而木豆也。"同时又指出"乃上求而下莫之应，上以实意求而下以虚文应。是天子熟虑变法而卒不收变法之效。"简练地钩出了崇祯一朝的政治实际。他把这些看法系统地

传统观念

我的稿纸 （横直两用） 20×25=500　　香港上海书局监製

No. 5

是陸生一篇七千五百字的長文《擬上懷宗皇帝書》，他明明知道，"臣之言者，皆陛下左右貴近之所忌，而包蔽諸臣之所不樂聞也，必其怒而殺臣。……而言苟利於國家，臣之死榮於生。"這樣一篇文字，終於未能進上。李長祥說，

"歲甲申，先生懷書北上。會鼎湖已成，為之痛哭。……今讀之，三百年盛衰之由以及衰亡之故，無不畢具。豈非一代大文。"

這个評論是公正的。這是晚明士大夫階層中的清醒者對朱明一代政治做出的總結。沒有空話，一切從具體事實出發，是地主階級的思想家所能作出的最好的總結。但它却出於一個名不見經傳的作者之手，這一事實本身就說明了一個時代的悲劇。瀚澤樓《偶存集》全書的，差不多就是這些知識分子的痛苦的控訴和哀號。（可刪）

張縉彥的文集，卷二收《上吳公言江防書》、《與錢士宗伯論所學書》（兩通），都是長篇。此外通訊的還有龔鼎孳、周亮工（櫟園）、顧與治、閻爾梅、方以智、李長祥、吳兆騫等人。龔鼎孳的好客是有名的，從吳縉彥給他的一封信裡，可以看到許多統治的故事，是有趣的資料，可以使我們明白一位二臣遺官與遺民和大知識分子之間的關係。"上大司寇龔公書"是一在閩作成所寫，目的是要求龔加以援

我的稿紙（橫直兩用） 20×25=500 香港上海書局監製

也就是所謂"声气"是很廣的。

No. 6

手，有些要诗颂扬的功德，可是他偏偏要议论对方结客的得失，并时时发出怨言，甚至要挟，回忆流露出光棍的脾气。他说，"先生历仕宦，于今三十年，尝以济世活人为心，则今之官不先生得志行道之日也。宜乎薄海士民，逮于升斗缧绁、赭衣跣而之徒，呜咽、望泽曰，'冀以其活我乎。'……独是先生生平好结客，东南名士被先生礼遇者数十人，其补官若署为时所称，待先生举火者，数千百家……僕请论先生结客之盛，进一言矣？先生相生所结之客，既皆可传者几人？东南名士，互相推引，以虚誉相高，其学问无可称述。……一旦不戒，竟然婴寒疾以死，……然则彼黄土尚离离萝蔓，织排蓁草之中者，皆是物也。"这简直是当面指斥龚的不能识人，仿佛不若应他的请求，那就非免为传言所说"或曰，先生结客多泛交，爱博而情不专也。或曰，先生好友不如己者，其生平所与倡和皆远出先生之下，则先生与之交。先生好士若叶公好龙，然好其似龙而非龙者也，非能好真龙也。"这正是典型的郎当笔法，甘言与恐吓并用。不过效果并不好，他终于未能借龚某地震之变失去机会，入关生还，也许龚最后读了这封信，哭笑不得，只好置之不理的吧。

我的稿纸（横直两用） 20×25=500　　香港上海書局監製

No. 7

可以與此信並觀的是《與周孝廉書》，阎尔梅古古也是有高名的明遗民，与申續寬、丁野鹤同被龔鼎孳援救脱罪，但在申續寬眼中，简直是个披着狂放外衣的無恥之徒。

"足下亡命二十年，人皆謂足下死矣，而足下名滿天下，山林草澤之士，無不知沛縣阎先生者。当今魯仲連其人也。足下即不死，飢寒困頓，晦匿姓名，以隐天年，是足下雖不死亦千古也。……已而大司寇以招僕飲酒，足下觀其辰上座，敘故舊，歡洽如平时，……足下飲酒必醉，醉必達晨，鼓呼怒罵，座上人人厭避，门外僮僕男女鼾鼾卧，而足下興益豪，鼓呼怒罵益甚，司寇之礼益恭，所以奉事足下益至。自是旬日必三四聚以为常。是司寇之好賢，得足下之狂益見，足下善於成司寇之名，豈为过哉。"関於阎尔梅的故事，山陽魯一同曾辑有《寓賓錄》，好象也不曾收見到此信。要得个好士的好名声，也真不是容易的事，這些名士原是不好伺候的。周亮工接着说，

"足下自此亦將遠引以終其身足矣。乃偕出都门，足下流連司寇所不肯去。值司寇之乞假歸葬其親，足下從司寇以渡河，歷中州，至金斗，周旋会葬之客，既畢事，復從司寇以渡淮，道山左，至京师而禁。陳乞不休，嗚呼过矣。足下即不自愛，何乃至是！……先生豈以日暮途短，

我的稿紙（橫直兩用） 20×25＝500　　香港上海書局監製

No. 8

为了孙饥馑计耶？”

戴枫仲“游崇善寺记”中也有关于阎古古梅花鹦鹉事之情状的记事，和这里所说并不同，可见这就是当时的实况。王渔洋也很看不起阎，说他不懂七古音节，世人不过以为其墓岸所夺而已。不见这些杂记，我们就难以知道事实真相，以为遗民都是喜欢得了不得，其实是大错了。

《海雪集》中还有不少有关辽东的记事，如“长白山记”、“宁古台记”、“东京记”、“宁古台新城记”、“康打轩记”等，都是地志中的好资料。自十一卷以下都是诗，其中一小半是入狱出塞途中的纪行诗，描写戍所生活的诗。悲哀悽苦，也可以说是记流人生活的诗史。同流人吴汉槎在北京西曹同系时即有诗相赠，在戍所又是倡和的诗友，为他写了《吴汉槎诗序》，今本《秋笳集》里不收。序中有这样一段话，

“已而余蒙难下司败，吴生亦被诬，明年遇于请室，出所为诗纵读之，日夕联床，极论古今诗作格。……海昌陈相国从而和之，令幼子子长日聪绪论，以为衣传。是时公侯卿士，频为从壁上观也。”陈相国是陈之遴，后来也是遣戍辽左的。《海雪集》卷十七有“辛亥（康熙十年）元日在戍所作”一诗，有“万里孙来才作客，五旬昨过又逢春”句，可以知道前戍的时间和作者生年，他大概生于天启元年。

我的稿纸（横直两用）　20×25=500　　香港上海书局监製

（徐国卫　藏）

来燕榭书跋 黄裳

No. 1

西北文集

丙申四月十七日收。卷前有子晋手跋，或是前塵夢影錄著者也。集頗罕傳，亦明清易代之際集部善本之一，刊刻當在清初，西北刊書款式，此為樣本。黃裳小燕記。

西北之文四卷，長平畢堅毅先生手著，太原傅公他先生鑒定，市上門人牛兆捷月三評次，湘口後學朱正暉滄若已鐫。康熙刻，九行，二十二字。白口，單邊。前有西北之西北老人傅山序，畢堅毅先生傳。徐子晋手跋云，"三十年前藏畢方伯西北文集，為尚友齋主人豪奪去，毛氏散出，歸諸張氏崇素堂。每讀霜紅龕集，輒用耿耿。昨意行城東，忽於無意中得之，校舊藏本更完善。枕戈磨盾餘生，可謂苦中有一樂境也。辛酉二月中旬，子晋。"下鈐"海上浮鷗"白文長印。

西溪叢語

此本為天一閣舊藏，僅存卷下。余舊有全帙而佚去二葉，石麒乃以此冊見售，欲配全之。細審却非一板，筆劃

我的稿紙 （横直兩用） 20×25=500 香港上海書局監製

鋒棱，處處有異，文字亦不同。雖行款偶合，牌記宛然，終非同出一版，是可異也。辛卯九秋。

西溪叢語二卷，存卷下。宋剡川姚寬撰。嘉靖刻，十行，二十一字。白口，單邊。版心下有鵾鳴館刻四字。天一閣舊藏，書根舊迹猶存。

靜便齋集

癸巳八月湖上收，黃裳記。

癸巳秋日，余居湖上幾兩月，寓居在西泠橋畔，樓窗正對孤山放鶴亭，風晨月夕，常苦行笈無書，乃過市肆搜之。於一肆見杭人文集不少，選得數十種，此書預焉。憶尚有翟晴江集，以其為畫人，有重名，遂索重值，未能得之。此集殊佳，中有杭州故實不少，近日少暇，始得通讀，論梅村兩跋尤佳。王元自有見解，惜其名姓不彰耳。乙亥正月初四日記。

癸巳秋日，余居湖上二月，時去市上觀書，而絕少佳本，無已，乃買清刻集部讀之。未幾而旅寓廚中遂滿。時時取而閱之，面對孤山，秋雨淒冷，賴此破悶。此本得之松泉

No. 3

閣，乾隆刻也。作者不甚著於藝林，賴於符氏秋聲館吟草卷中知其姓氏，所從游者如杭厲諸先生，皆名宿也。亦時於卷中捃摭一二故實，是非棄物也。今日檢得，擬付工重裝，遂書數語卷端。甲午臘月廿五日記。

静便齋集十卷，仁和王曾祥麐徵著。乾隆刻，十行，二十一字，白口單边。乾隆二十八年汪沆序，寧化雷鋐撰両王生小傳，目錄。

黃山紀游詩

此乾隆中精刻本黃山紀游与白嶽紀游詩，前後序跋，皆手寫上板，清刻中名物也。偶得之市上，足破一日之憂。丁酉霜降日前，黃裳漫記。

黃山紀游詩（有記），練江程之鵕羽宸撰。乾隆刻。十行，十九字。白口，左右双边。康葉有白文方印曰涵青閣。前有鄭燮題詩，手书上板，雕槧精絶，（未收板橋集）其辭曰："題羽宸三兄黃山紀游册子。黃山辟子

我的稿紙（横直兩用） 20×25=500　　香港上海書局監製

No. 4

空青，造化何技癢。陰陽未判劃，精氣互
滉瀁。團結勢鬱紆，抽拔骨撐掌。日月始
明白，雲靄漸來往。軒成貌未腐，鍊丹兜
伎倆。天都張名目，芙蓉謬借獎。秦漢封
錮深，唐宋遊屐廣。雲海溫詩肺，松濤鼓
天響。飛泉百斷續，怪石萬魍魎。少少塔
廟開，微微金翠榜。岑崿裏樓殿，龍象森
灌莽。鸞鶴鶻鳩鵠，榛樝棗栗橡。異果垂
纍纍，仙禽翩皝皝。山腰矮雷電，峰頂聳
蒲蔣。膚土寸黃金，松毛密於網。轉逕窄
欲墜，陟巘眩還惘。我欲躋巔嶠，夢寐徒
惚恍。陸騎姑熟驢，波泛浙江槳。驀逢婚
嫁累，苟賤簪笏想。山靈久拒斥，飛砂擊
俗顙。輸君飽游蹤，晴嵐披翠爽。溪泉暢骨
脉，臥雪飲瀣沆。側耳流琮琤，聳身峰広
仰。摘星披户牖，洗日滌盆盎。賦詩數十
篇，才思何濶朗。骨重義堅摯，神清氣英
蕩。刻畫麗金石，鏗鏘壓平上。碟砂入爐
竈，天馬受羈鞅。作記尤密栗，尺寸縮幽
賞。同遊誰何人，吾宗虞谷黨。當境忻滋

我的稿紙（橫直兩用） 20×25=500 香港上海書局監製

No. 5

濤，離懷惜疇曩。昔我未追遊，今我負慨慷。萬顧林壑最，一官休斂懍。當復從君遊，与君負笻鑿。乾隆六年夏五板橋弟鄭燮拜手。"下鈐三印："二十年前舊板橋"、"鄭燮印"、"克柔"。詩前有記，此遊在康熙甲午二月。卷尾有高山跋、清涼蘭人海岳跋、弟鵬翀跋。

白嶽紀遊詩(九華詩附)。練江程之鵕羽宸撰。乾隆刻。行款同前。雍正甲寅曹學詩序。後有葛巾老人吳雯炯跋。

四婦人集

癸巳新春二月二日所收，小燕。

此雲間沈氏古倪園所刊四婦人集，梨本精絕，儷若星鳳，早有石印本行世，神采俱丧，睹之索短。此為江陰繆氏、南陵徐氏舊藏，印本絕初，与梅花喜神譜、改七薌詞同裝，得之華古齋，所費雖多，亦不惜也。綠窗遺稿一種式品差小，蓋刻在最後，不足病也。癸巳二月二日，黄裳。

南陵徐氏所藏清刻本極富而精，近時無兩。積餘身後

我的稿纸（横直兩用） 20×25=500　　香港上海書局監製

No. 6

遗书分赠诸子，余收书晚，未能得其大部精华，然遗芳散馥，犹有不少。此四种得之华古斋，盖最后所出也。又尝见程守中出金冬心小集数种，皆宋笺、桃花纸精印本，俱有金吉金印记，亦積餘故物，惜已为郑西谛得去，凡此皆可见積餘藏书之精妙也。古倪園刻书此四婦人集外，余所得尚有梅花喜神譜、静好樓双蘭記、活字本南唐书等，皆精好，沈氏亦雲間風雅士，暇當輯其遗事为一文記之。乙巳三月初三日，齋居不出，微雨作寒記此，明日清明矣。黄裳記。

丙申秋日游重慶，觀书嘉陵江畔図书館，見沈绮雲藏抄本书，为王惕甫作缘倩曹貞秀妹所写。绮雲妾即貞秀妹，静好樓双蘭記即为渠所刊，寫书者另一妹也。似曹氏家世亦出曲巷，曾於清人集搜得一証。而惕甫未定稿中竟無一字記之，亦一小掌故也。一九六六年國慶夜漫书。

薛濤詩一卷，嘉慶刻，八行，十六字。白口，左右双边。前有濤小傳，目録。卷尾双行牌記"嘉慶庚午雲間古倪園沈氏從吳門士禮居黄氏借本翻行"。与田洙联句第二十一頁原闕，舊人補足。四集皆桃花纸印。

卷尾有"萬曆己酉春仲鐫於洗墨池"一行

我的稿纸（横直兩用） 20×25＝500 香港上海书局監製

No. 7

唐女郎魚玄機詩，嘉慶刻，十行，十八字。白口，左右双边。卷尾有牌記，"嘉慶庚午雲間古倪園沈氏從吴門士礼居黄氏借本翻行"。後附魚集考異，嘉慶八年黄丕烈跋。

楊太后宫詞，潜夫輯。嘉慶重刊宋鈔本，七行，十三字。白口，左右双边。前有毛晋序，後有毛晋跋，刻出牌記云，"嘉慶庚午雲間古倪園沈氏從吴門士礼居黄氏借本翻行。"後附校勘記，齊東野語一则，嘉慶庚午黄丕烈跋。

緑窗遺稿，嘉慶刻，八行，十六字。白口，左右双边。泰定五年傅若金序，目録。附傅若金詩，故妻孫碩人殯志，南村跋。刊出牌記云，"嘉慶乙卯秋雲間嘯園沈氏從平湖錢氏借本刊行。"嘉慶乙卯黄丕烈跋。

以上四種，皆黄荛圃經理刊刻，收藏有"積學齋徐乃昌藏书"(朱長)、"南陵徐氏"(朱方)、"徐乃昌馬韻芬夫婦印"(朱方)、"積餘所藏"(朱長)、"積學齋"(朱長)。

我的稿紙 (横直兩用) 20×25=500 香港上海書局監製

(周晶　藏)

黄裳信札、题笺

文匯報

亦代

宗英兄：每年亦代都賜以賀年片，我則無此習慣，

失礼久矣。今得 想多之箋，則已在 先生等傳閱

共看了。也曾於京中友人處得知喜訊，未能致賀

深以為歉。謹借此機會，申其祝賀之意，甚望

彩筆久揮，文思泉湧，多寫佳篇。

匆此即祝

雙安

黃裳 一月七日

第　　頁

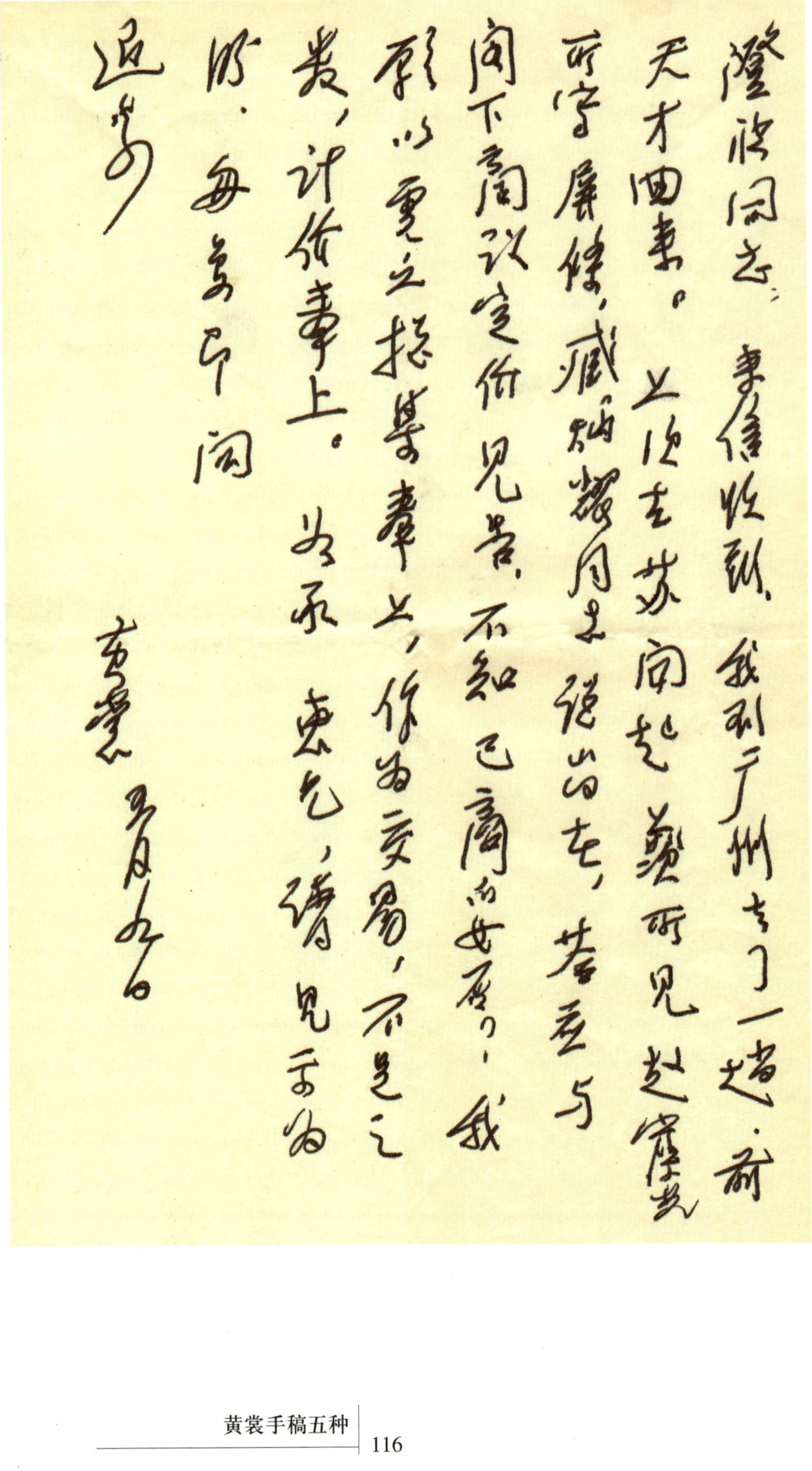
澄波同志：

来信收到，我到广州去了一趟，前天才回来。上次去苏州向老蘧所见赵宧光所写屏條，藏蝸耀月之張山甫去，若要与阁下商议定价见告，不知已商得妥否？我影以覆之拓集奉上，作为交易，不足之处，计价奉上。如承惠允，请见示为盼。無多，即问

近好

黄裳 五月廿日

吕浩先生：

赐信收到。因我不去打扰，所以来信到来甚迟，请原谅。

读来书，知你收书嗜好相同，可谓书友，拙作承你好意称赞，实不敢当。

尊意欲将拙作写下签名，当然可以。但我已年老，包装、跑邮局力不胜任。如少寄来种，我可勉力为之，大量的则不能办了。

我80年代曾去旅行中到过西安，停留三日，诸名胜古迹都到过，不过走马看花而已。承告宝鸡今日光景，甚以为慰。谢谢。

近拟选我所写序跋，另印行世，正在商议中。又有《集外》诗，今年可以问世。

匆匆即请

近安

黄裳 05/1/1

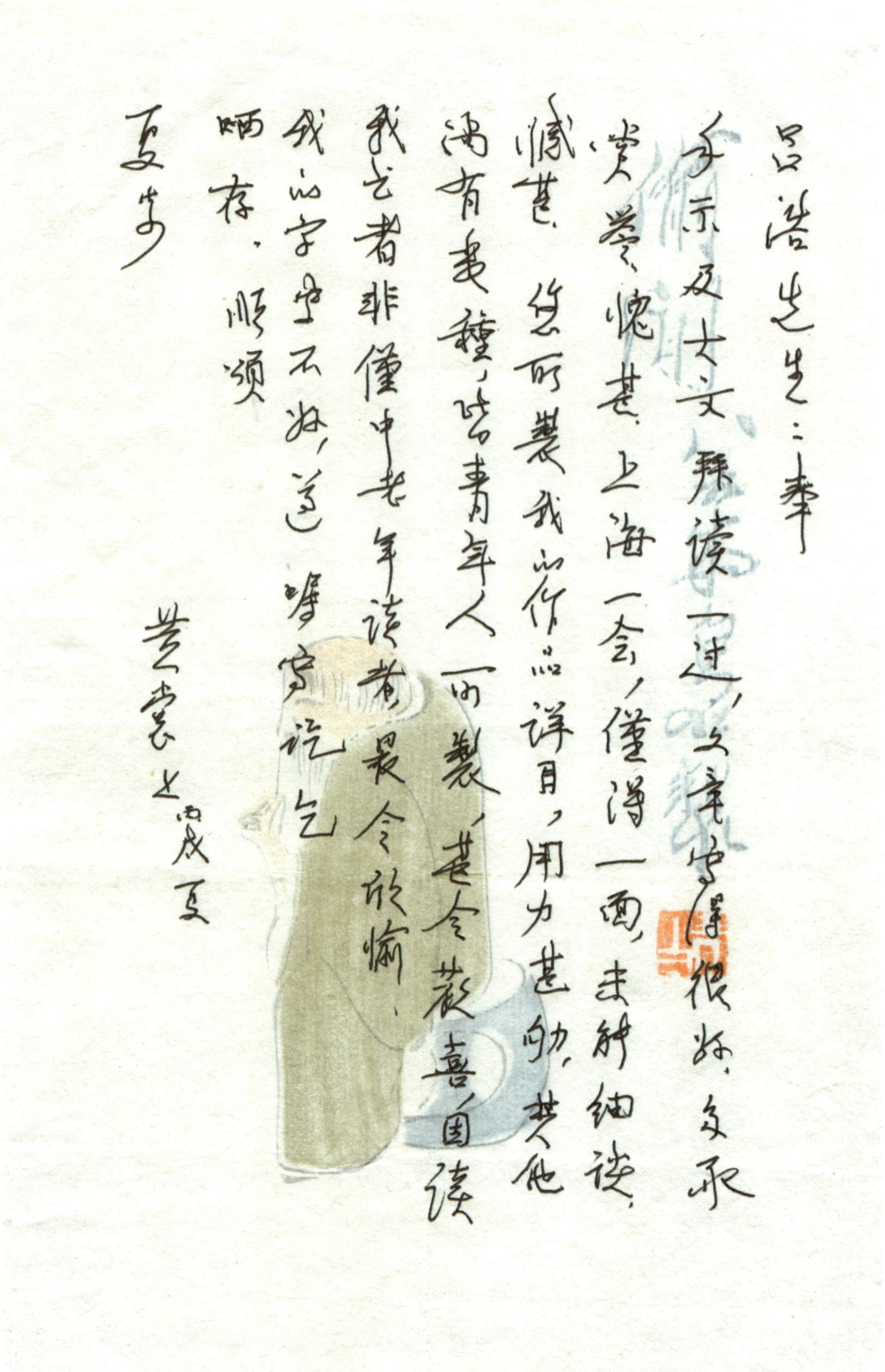

吕浩先生：奉
手示及大文拜读一过，文章写得很好，文承
赏誉，愧甚。上海一会，仅得一面，未能细谈，
憾甚。您所买我的作品详目，用力甚勤，其他
尚有多种，皆青年人所买，甚令欣喜，因读
我书者非仅中老年读者，最令欣愉。
我的字写不好，遵嘱写讫乞
哂存。顺颂
夏安

黄裳 上 丙戌 夏

文泉清先生：

前奉

手书并赐新诗，情意深挚，感愧莫名。今又得「书脉」三册，版式各异。前「书边谈」「寻诗」残卷本事，少年好事存拟提供单编收书版本细节，以供一笑。今竟刊之，刊为卷首，不胜惭愧。读古湖志。贵刊内容既丰，编制尤雅，捧读之余，顿兴新感，于读书刊物丕起之际，各俱新格，佩甚。聊作短笺，以伸谢意，并祝

编安

黄裳拜上

〇八.四.十四.

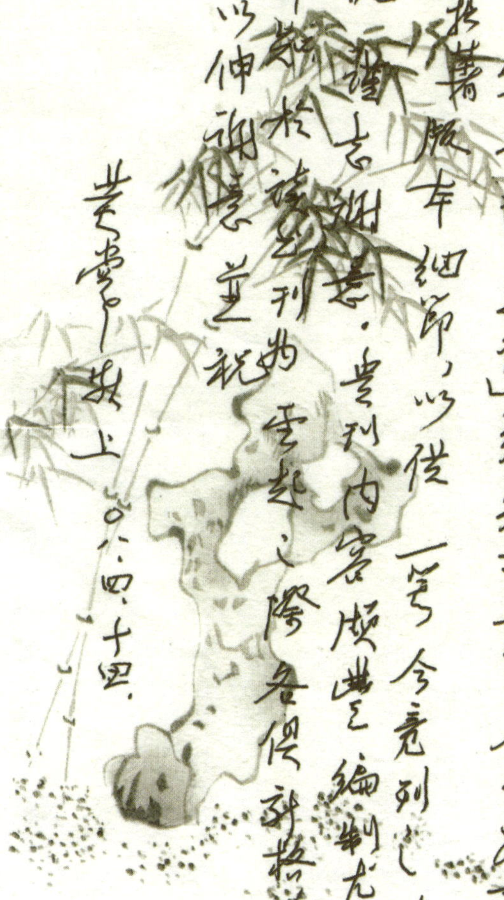

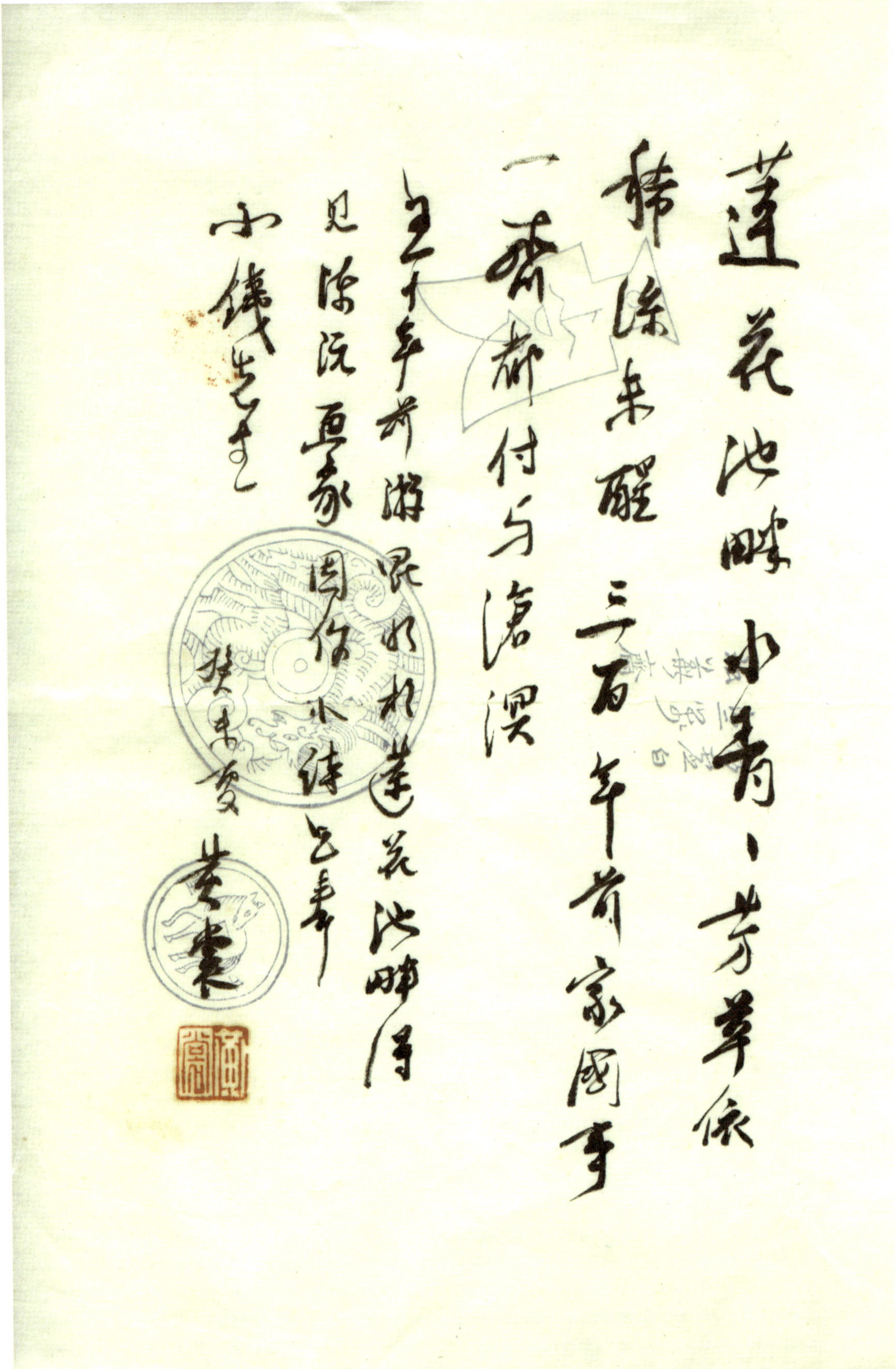

蓮花池畔水青青，芳草依稀絲未醒。三百年前家國事，一齊都付与滄溟。

三十年前游昆明蓮花池畔，得見陳沅画象，因作小詩，乞粲

小鐵先生

癸未夏 黃裳

周晶同志：顷奉 惠赠唐先生遗书四种，甚谢。此四种书皆出书之市，得使先睹，尤以为快也。印装甚好，赠本不多，对 贵社此种从事文化积累，不计盈亏之精神，极为佩服。

关于题跋文，零碎难置，当再理董。此外，有《读书记》稿一束，为记所见所藏善本书之提要，不知合用否？亦当待整理也。手边有成稿《清代版刻一隅》一书，取清初至清末刻本之精善有代表性者二百种，每种一叶书影，并附说明。前加序目，本书需用珂罗版缩制最好，如不能如此，即铜版亦可。此书不知 贵社有可能接用否？如出版收藏，拟付此书馆摄照成编也。

我的几本书，纸型都已毁了。新书出来，只先以香港印出一本小册子奉寄，乞 哂纳。

匆此复谢，即问

编安

黄裳 五月十七日

周晶同志：

手书奉悉。知《一隅》列入今年出版计划，甚幸。内山书店人员前年曾说要编辑出书。且此书并非大出版社，未必能订印若干也。出版困难，《新编》承印出，恐得累不少，至今不安。总之，出版能为出版学术书尽力，书画以外，何况现今，我是山东人，能得出书于家乡梓行之也，亦幸事也。

编排方法，以为每种前加书名大题，后列书影说明，排于其后，似较合适，不知以为如何？此书文字甚多，校勘不易。清样乞赐一读，当细校之。

《新编》近岁听说有少数错字，也是你因不够自清，如书再版校令，当将校本寄呈也。

我与内人于1989年晚秋曾回里一行。在济停留数日，因时间不够，未能往访，至以为憾。曾撰《还乡记》一篇，详记此次经过，发表于《收获》杂志，也许你不曾获见阅览也。

匆复即请

撰安

黄裳 一月十三日

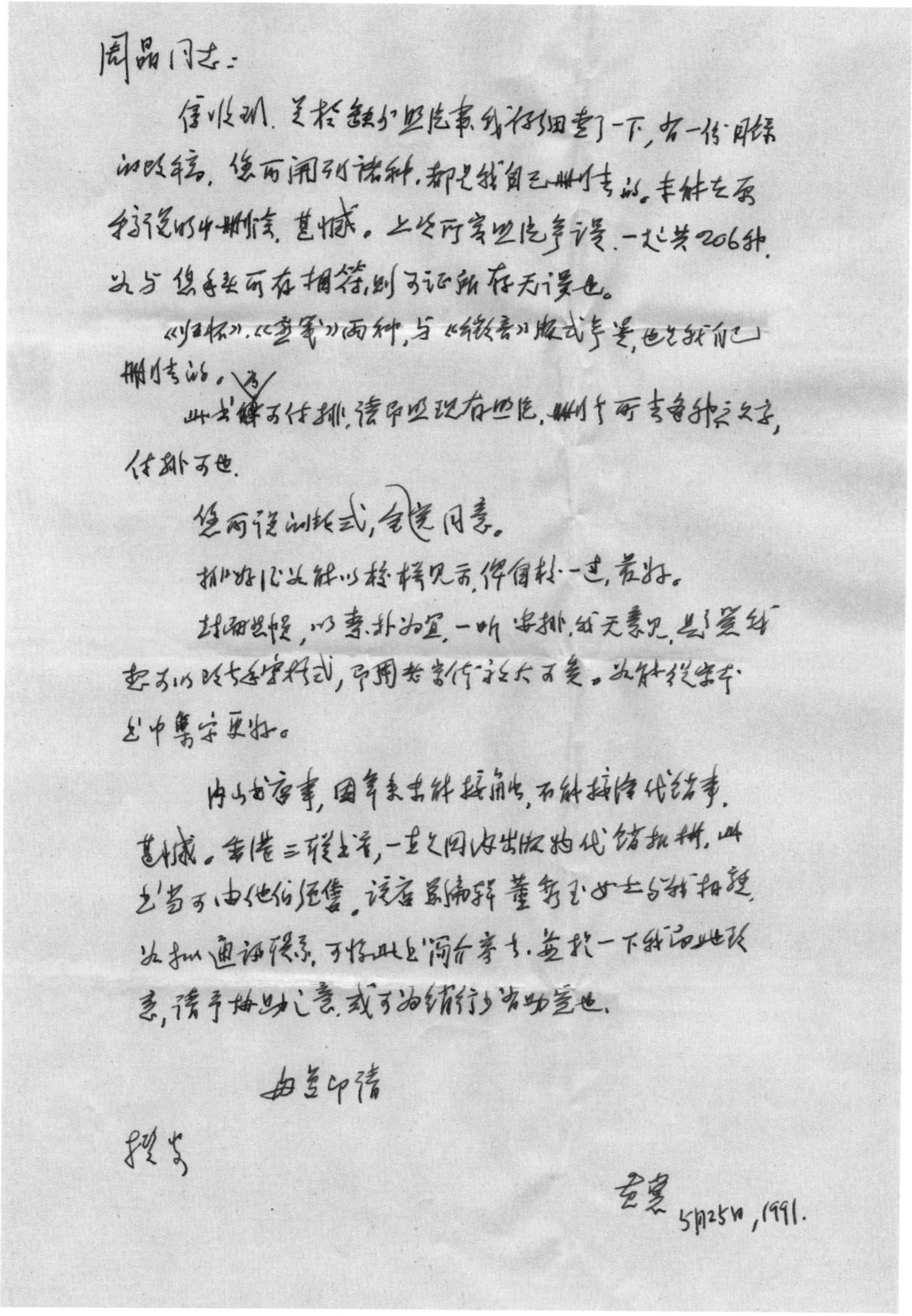

周晶同志：

信收到。关于缺少照片事我仔细查了一下，有一份用作的改稿，您所开列诸种，都是我自己删去了的。未能在原稿说明中删除，甚憾。上次所寄照片清单，一共206种，如与您手头所存相符，则可证所存无误也。

《归怀》、《叠翠》两种，与《縠音》版式不同，也是我们删了去的。

此书（为）可付排，请即照现存照片，删去所寄各种之文字，付排可也。

您所说的版式，完全同意。

排好后必须以校样见示，俾自校一过，最好。

封面装帧，以素朴为宜，一听安排，我无意见。书名签想可以照古书字样式，不用书法家写字，大可免。如能从宋本书中集字更好。

内山书店事，因多年未能接触，不能接洽代销事，甚憾。香港三联书店，一直是国内出版物代销机构，此书当可由他们经售。该店总编辑董秀玉女士与我相熟，如拟通讯联系，可将此书简介寄去，并提一下我的此项意思，请予协助之意，或可为销行多些帮助也。

匆匆即请

撰安

黄裳 5月25日，1991.

周晶同志：

承惠赠渔洋精华录集释两册，谢谢。此亦多年著作，少翻阅，只校订精审，至佩。渔洋著作甚多，全集亦甚美富。其生前陆续刊行之小集，后来编全集时多经删削，其序跋皆不存。不知新出全集是否据原刊小集汇编并校补否？此亦要事，可见新刊之功力也。

匆此并谢即请

近安

黄裳 6月30日

周晶同志：

前承过访，并邀参加贵社成立十五周年大会，本拟出席参加，而近来家人患病，需人照料，我未能远离，遂不能如期赴会，深感歉仄。谨以此情奉告，请代向贵社领导及同志们，陈述祝贺之忱。

此请

近安

黄裳 十一月十三日

周晶先生：

手示奉悉。承 见告又有两种清代版刻图录即将问世，谢谢。不意此寂寞生活又有继起者也。黄永年序文以顾廷龙潘景郑之明本图录为例，而绝口不谈"一隅"，事甚可笑。读其序，知此书编例，意在求备，而不避通常书本。我的"一隅"则反是，所求皆是不常见者。黄君对"珍本秘笈"稍有微词，而亦求"代表性"也。此即与我著者用意最大区别所在，亦不可代替"一隅"之要点也

您所买我的旧藏书，不知何以流入市肆。旧藏零散殆尽，然亦不能追其踪，可为一叹。

匆此即问

刻安

黄裳 5月14日

周晶先生：

惠函奉悉。《海滨图》两册亦收到，谢谢。此册编制甚善，材料丰富，向所未见，因未亟亟求之。今得惠赐，可一加翻阅，始知一芸佳。铭感无既。

《藏书家》休刊后记，既经书社主持人又加改动，有一段之说明，据悉此刊成绩不恶，为齐鲁书社一块招牌，如不肯轻易放弃，复刊有望，可预卜也。您继续任此，精力未衰，仍可努力赞襄全担，盼之。

《一隅》尚在补充整理中，今年或可发稿，出版当奉呈一册请教。

即颂

夏安

黄裳 05/5/15

周晶先生：承赐书并命题字，甚感愧悚，辄以墨水笔书四字，不知能用否？又惠允以写新刊书相赠，甚盛。惟不知是新刊书细目，能否以一纸见示，可以从容选取，以免赠书非所欲得之憾。匆复，即询

近祺！

黄裳上　〇八、一、六

西塞山前白鹭飞，桃花流水
鳜鱼肥。青箬笠，绿蓑衣，
斜风细雨不须归。
周晶同志来书久无以应，适得
小笺，尚精雅，漫书张志和词以请
雅教
黄裳

周晶先生：

惠还《山东省图书馆珍藏图录》

等两册，俱已拜收，谢谢，请向出版社

领导同志致意，不另。

忆五十年代初我参加老根据地访

问团过济南，抽暇访山东图书

馆，得晤王献唐先生，得观馆藏，临

别以一油印本"由渝迁运善本之目"（油

印本）见赠，其中颇多佳册，如士礼居跋藏

本等，今得不见著录于新目中，不知五十

年中馆藏变化如何，此亦佳史料，不妨

于"藏书家"中记之。匆此复谢，即请

近安

黄裳 09/6/16

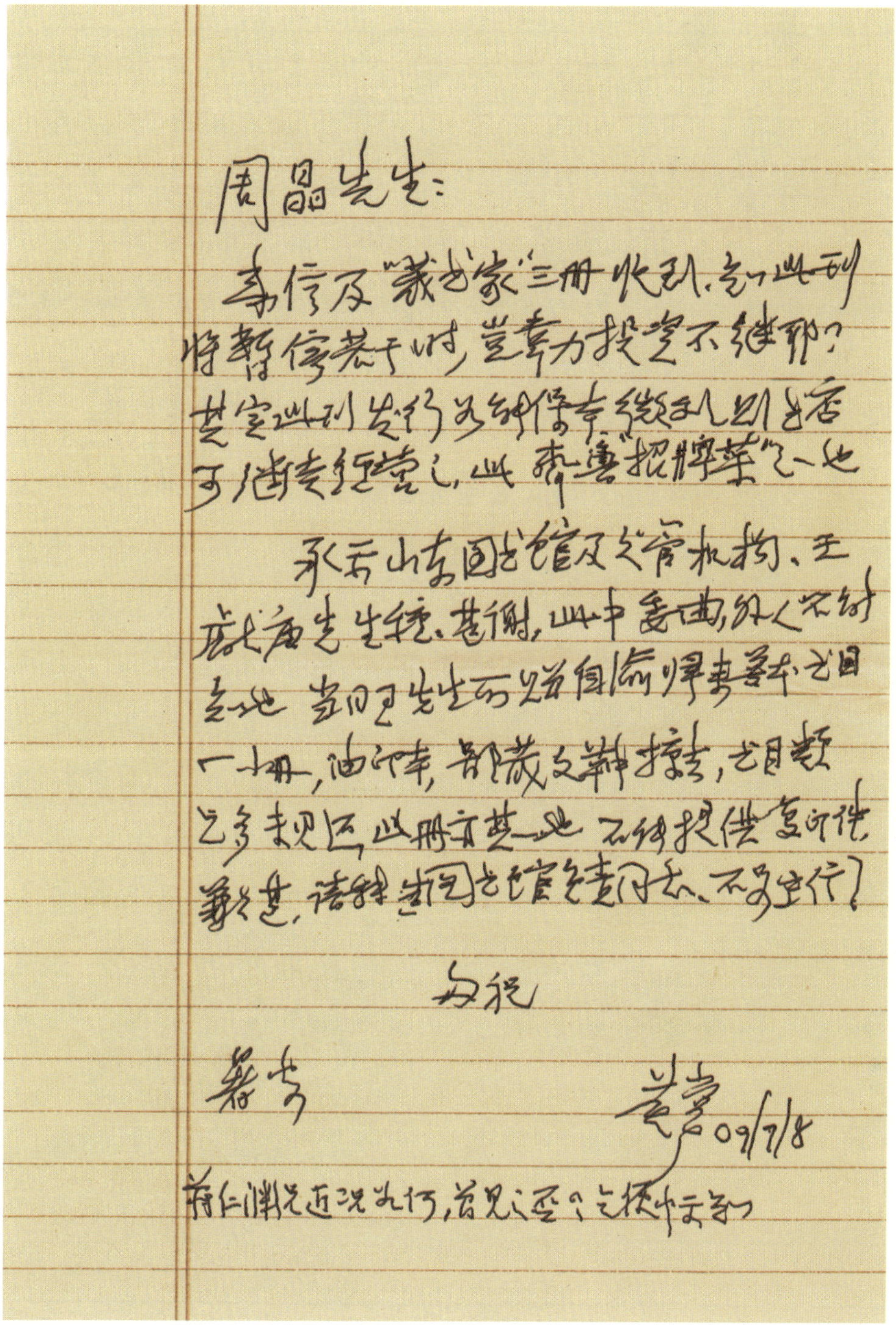

周晶先生：

来信及"藏书家"三册收到。闻说此刊将暂停若干时，岂真力拙资不继耶？其实此刊发行另[illegible]以后可[illegible]经营之，此"齐鲁"招牌菜之一也。

承示山东图书馆及文管机构、王献唐先生手稿、[illegible]，此中委曲，外人不知也。当日王先生曾以所得自渝归来善本书目一小册，油印本，[illegible]，书目[illegible]之多未见，此册有无存也，不能提供复印件[illegible]，请转告图书馆负责同志，不知是否可行？

为祝

暑安

黄裳 09/7/8

蒋仁渊先生近况如何，当见之否？乞便中告知。

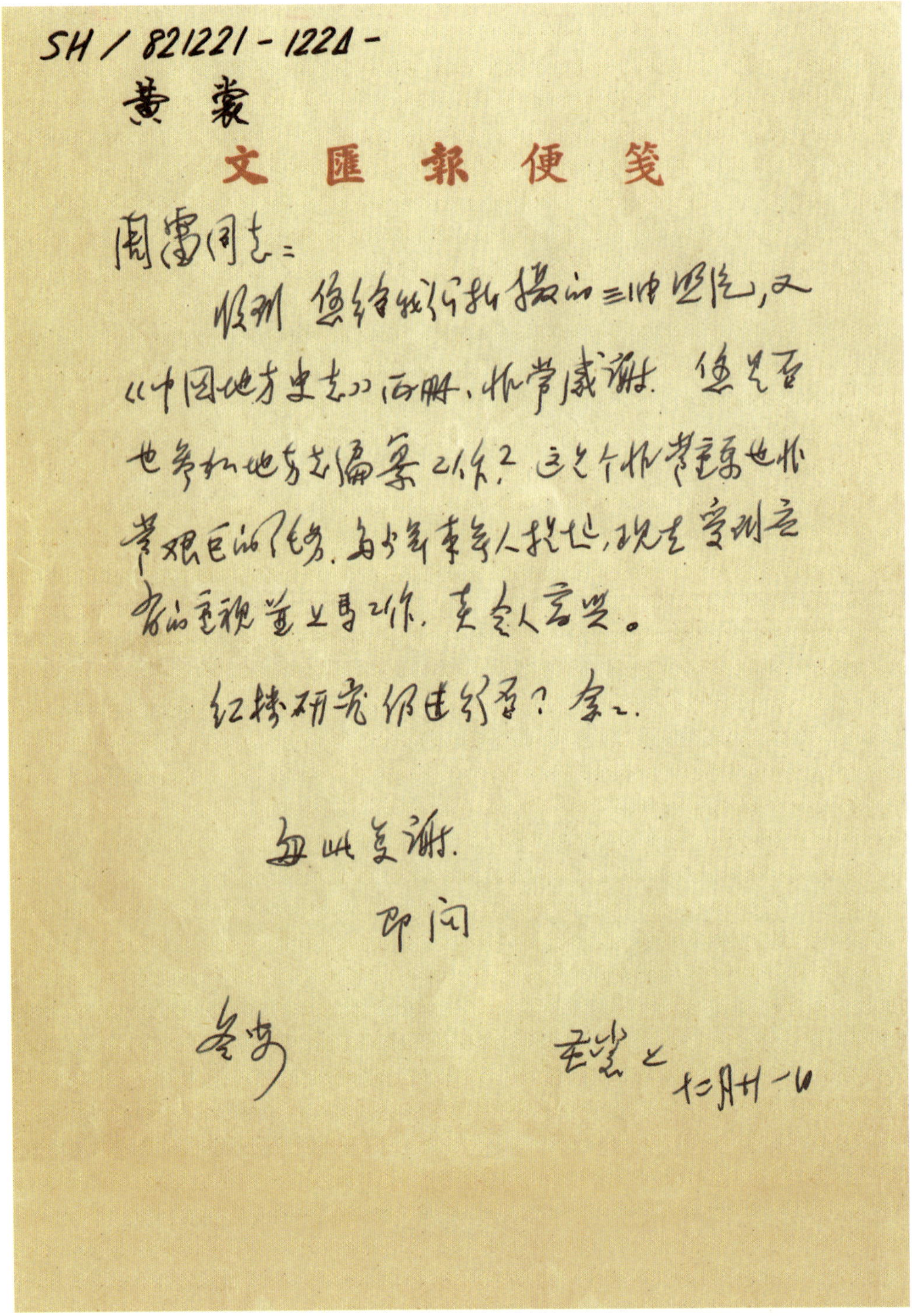

SH / 821221 - 122Δ -

黄裳

文匯報便箋

周雷同志：

收到您给我的所摄的三帧照片，又《中国地方史志》两册，非常感谢。您是否也参加地方志编纂工作？这是个非常重要也非常艰巨的任务。多少年来无人提起，现在受到应有的重视并且开始工作，真令人高兴。

红楼研究仍在进行否？念念。

匆此致谢，

即问

冬安

黄裳上　十二月廿一日

時光先生：昨接大函並材料多份，謝謝。對閉塞如我實有頓開茅塞之功。仅就红学专家围攻刘心武一事說說。我看有此一章，多出熱鬧，頗与安定和諧有利，人们興趣集中於此，可忘却，冲淡許多社会矛盾，不為無益。一九六二年之大講紅楼，其作用亦在此。

紅楼為未竟之作，曹雪芹未寫定稿，其中有遺漏不少，人所共知。刘心武能鑽其空子，所見不無道理。如秦可卿何以從育嬰堂一跃而為要人家冢媳，其所用之檣木為坏了事的某王爷預訂之物……其喪事何以隆重若此？親王、大太监皆親臨致祭，殊不可解，亦不可通……凡此，刘君皆能指出，成為线索，广為「秦学」，不能說毫無根據之追风扑影之談。有人說此書所傳之，实不外此一糾紛之作用，即引导群众視线遠离当前

时光兄：前有化解之功。实为無識。

刘心武的电视台讲座及众多专著，我皆未见。前些时友人以一册公画蔷書之前言尝亦见示，才翻阅即掷去，所對所谓「揭佚小说」实太劣，不堪卒读。曹雪芹無論矣，即高鹗之下等笔墨，似尤胜於刘心武远甚。真不可思议。

读之道，近来有感，如有机缘，或将写一小文，惟此事需用史料，昔於随读，只以懒於执笔。

匆匆不尽，即请

冬安

黄裳　○五、十二、五、

书二册已收到，又及

田光先生：久不得信，以为出差远行，近得

赐信，甚慰。

《山西文学》都看到，年甚好意。《萧思……》一文，已交，并已见报

《夜光杯》发表，未见反响。近一月来为编新书而忙碌，维

胸中尚有二文，却无暇及，以后写之。

余秋雨近已变为"说客"，与王蒙比美，可为庸俗认。

近见报纸广告，有《中国文化》一种，〇七年春季号（第24期）

题目颇有吸引力，但内容未必佳，拟一观，便中为觅得见寄

为感，报上50元，存尊处，或更有它可购也。

匆匆即问

"暑"安

黄裳 〇七.六.二

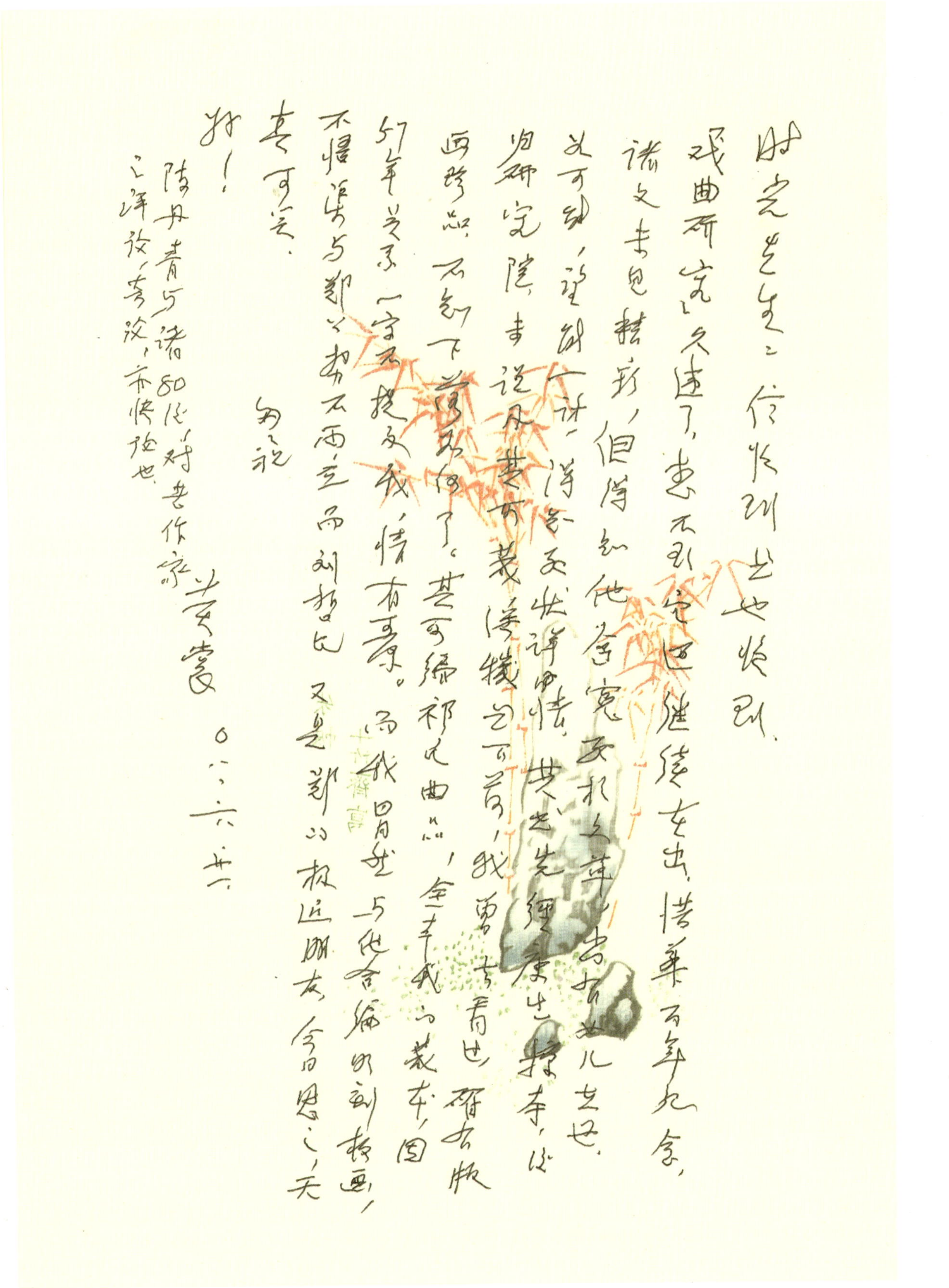

时光先生：信收到，书也收到。
戏曲研究久违了，想不到它也继续出世，借华粹百年纪念，
诸文未包括我，但得知他会宽发札文章，当为几出世，
文可观，望能一读。洋洋大观，详情，黄先生编校本，以
为研究院专说及其前装潢已可惜，我曾与青也，嘱出版
画诗品不知下落如何了。其可编祁氏曲品，今年我以藏本，因
们年前卖一字不提及我，情有可原。而我曾与他合编所刻插画，
不惜其与郑公相不两立而刻书记，又是郑公极近朋友，今日思之，天
真可笑。
匆祝
好！
黄裳 〇八、六、廿一
陈丹青与诸80后对老作家之评论，毒论，亦快论也。

晓林先生：

赐信两通及复印一叠俱拜收，至胜感谢。此书本托周君处理，不意他竟将此类琐件多辗转於阁下，不及料也。

读者与作者交谊之固，可发诸作佳多闻，不胜感愧。《忆书区》一书特印本六百数册，常有读者致书索取，我亦觉无名不胜不觉谢谢。此意请蒙亮达。香港版有选集一册，大陆未见发行，恐尚未见，谨以一册奉送，以报雅意，祈赏收为幸。匆此即请

近安

黄裳 08/9/30

凌济先生：

真是抱歉，因事忙，隔了那么久才写这通回信，而且不能详细回答您的问题，请加见原，想到的写：

(一)您寄来的"美丽的花雨"中英对照本，我只有一种小开本，后又有一种大开本，印得更漂亮，我都送人了，自己也不存，不能详说。

(二)"旧戏新谈"最早的初版，有毛边道林纸本，约印十册，用以赠人，自己也无存。(书话已全部抽出内有。)

又为我自印宣纸打印大样本，装黄四册一函，由马叙伦题签仍全幅(印本上有题名)，后有自题牌记一幅，木刻，用朱印，少年好事，成此"孤本"。

(三)"锦帆集外"据纸本样线装本，又有道林纸印精装本，已皆遗失，只一"凤"字。

(四)八十年湖南人民出版社所出共三种，只书录一种，另有"晚春的行旅"一种，装帧并同。(此则不用因已早见)

(五)《寻找自我》董宁文编 青岛出版社出版 2007 7月初版. 42元

(六)您问的签藏，是我1942年出版的那本，是一位喜欢收藏新文艺书的人，因见那本稀罕之，送我外毛边本印得极少，已失印本，自存仅一册。

(七)香港送印本只有"锦帆集"一种，曾由港友见赠一册。

另所附诸种，有我自己也不知道的。多谢揭示。《黄裳近著》再版本，小有改动，除错了一二处之外，后部的排页 P.354中之面页亦删去，您费了许多时间功夫，编成此目，感佩之至，特取"银鱼"特印本一册奉赠，以表谢意，请哂存。感谢之忱，书不尽于此，不一，顺颂

冬安

黄裳上

07/12/2

凌济先生：　十二月廿七日

大函拜读，大作英译京剧故事亦收到，甚谢。

大示指出对书中国小说的错误，尤感。我为人编书甚

少，前后共二种，只有这种。及

将题字书名，已书於别纸，字写不好，请

笑存。　匆复，即请

年禧

黄裳上　五·十二·廿九

凌濟先生：得

手書並二冊，欣感交并。

先生費如許心力輯成此書，作者看來

是否有此價值，得此寵遇，殊可駭也耶？

驚之餘，益增惶愧。尚印此書可貴不

少，至今不安。祇以先帝致謝，秀才人情，

可發一笑。匆此致謝，並祝

近安

黃裳上 一〇、五、十八

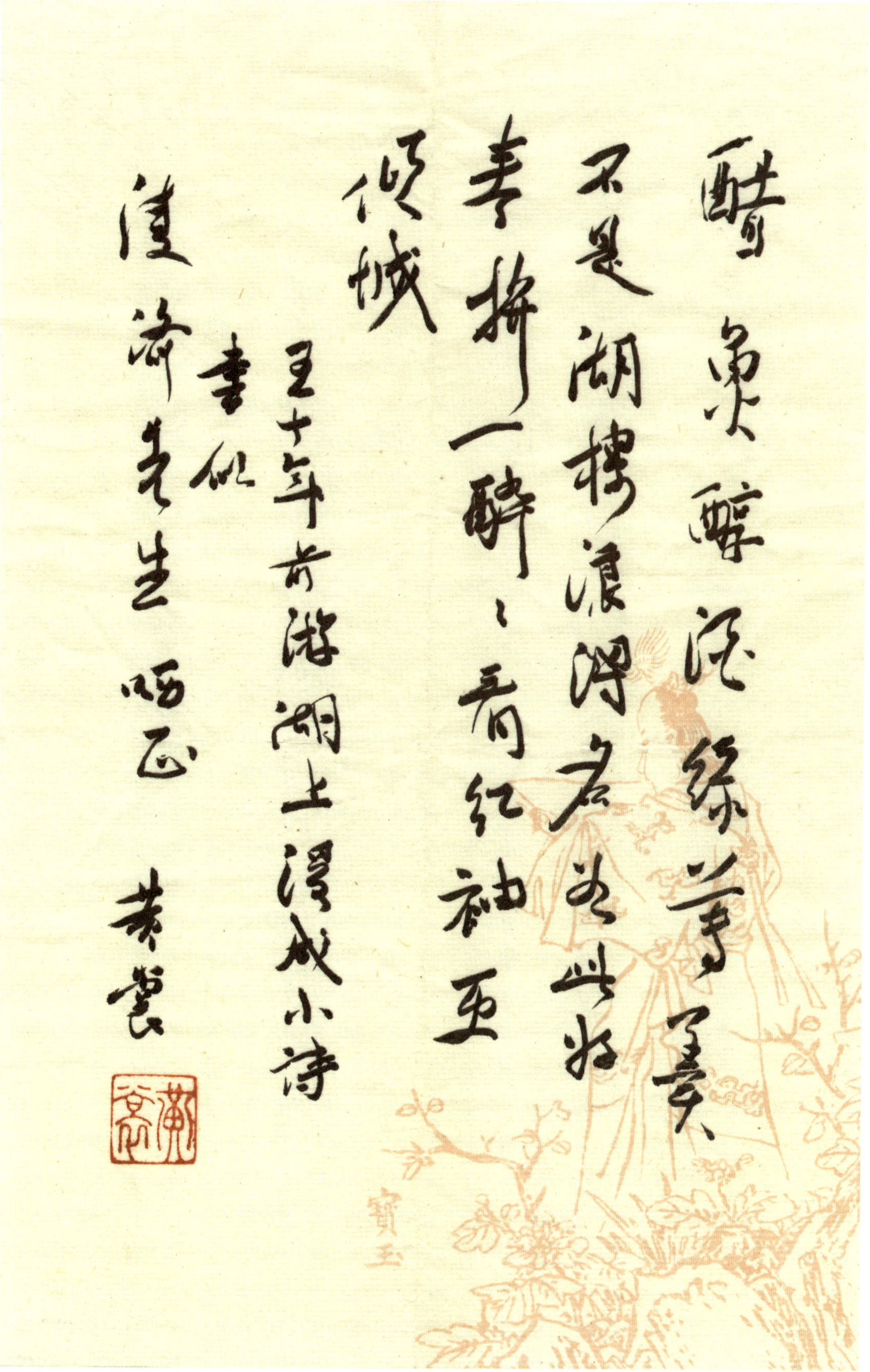

醋鱼醇酒绿笋羹
不是湖楼浪得名为此好
春拼一醉、看红袖至
倾城

五十年前游湖上漫成小诗
书似
凌济先生哂正 黄裳

凌济兄：

手札奉悉。尊恙就痊，甚为兄贺之。心梗非小病，尚希随时注意保养，不可忽视。蒋仁渊兄交承足下与贵友殷勤存问，感何可言。《寄人诗选》二册拜收，中有一错字不知从何处觅得。两种《盖叫天演剧画册》我处仅存其一，亦无意求全矣。《盖叫天舞台艺术》纪录，并无可本说明。贵友欲找书斋名，我则已三十年不亲笔砚，字更拙劣，谨书一幅更不耐观，谨呈一览，如过劣弃之可也。润笔之说，可笑，拙书能易钱，真怪事也。

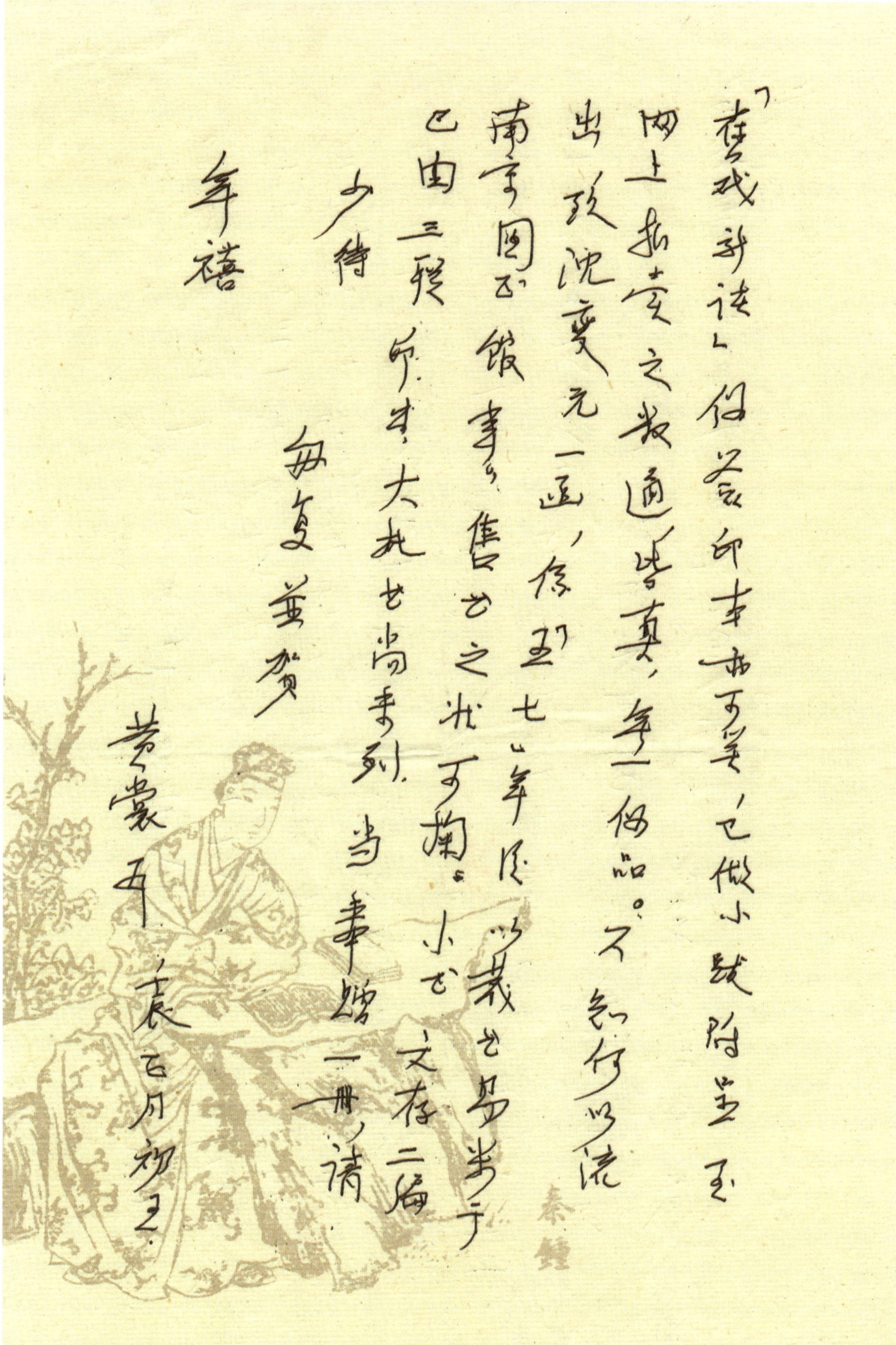

「旧戏新谈」作签印本亦可笑，也做小贩附呈至网上拍卖之数通皆真，每一作品。不知何以流出。致沈燮元一通，系五七、七七年后以義也易当于南京图书馆事，售书之状可掬。小文存二篇已由三联印书，大概也尚未到，当奉赠一册，请少待。匆复，并贺

年禧

黄裳 壬辰正月初五

凌济先生：

手示敬悉。所问诸端，谨答复如下：

（一）「真我的诗」初版曾印道林纸本十册左右，分赠友人。自己无存，巴金处或有一两册，今在北京文学馆。曾留毛边本否？不记得了。许颐生系我沪居（绍兴路）邻居，山东人，同时系中兴轮船公司之同事，年纪大我约二十岁光景。

（二）「文人」的故事之为盗版书，我不知某年在吉林摄影出版社系无赖之商，此外尚有我关于南京的书一本，也是自行盗印之，不通知，亦无稿费之赠，无版税。我[illegible]得到一本，倒是图文并茂，印制亦佳。

（三）因职业关系，我写了不少各种体裁的文字，除已收集者外，其他为新闻报导、特写、剧评、杂文之类见于报刊者甚多（如解放初的「亦报」、「大报」……）我自己并未收集，亦少有保存价值。往来书信我自不留底，无从收集，只周汝昌、姜德明保存较多，曾拟出版我与汝昌设法联系来往书信，已排印新样，至今未成，「自己」更无付印可能。

自己前年晚年力衰疲，实况如此。

谢谢您为我九十二岁生日的祝贺，感谢之至。

匆复，即请

近安

黄裳上

一〇．七．廿日

《君子頌》 學而時習之，不亦說乎？有朋自遠方來，不亦樂乎？人不知而不慍，不亦君子乎？——《論語·學而篇》

宜品畫箋

用箋

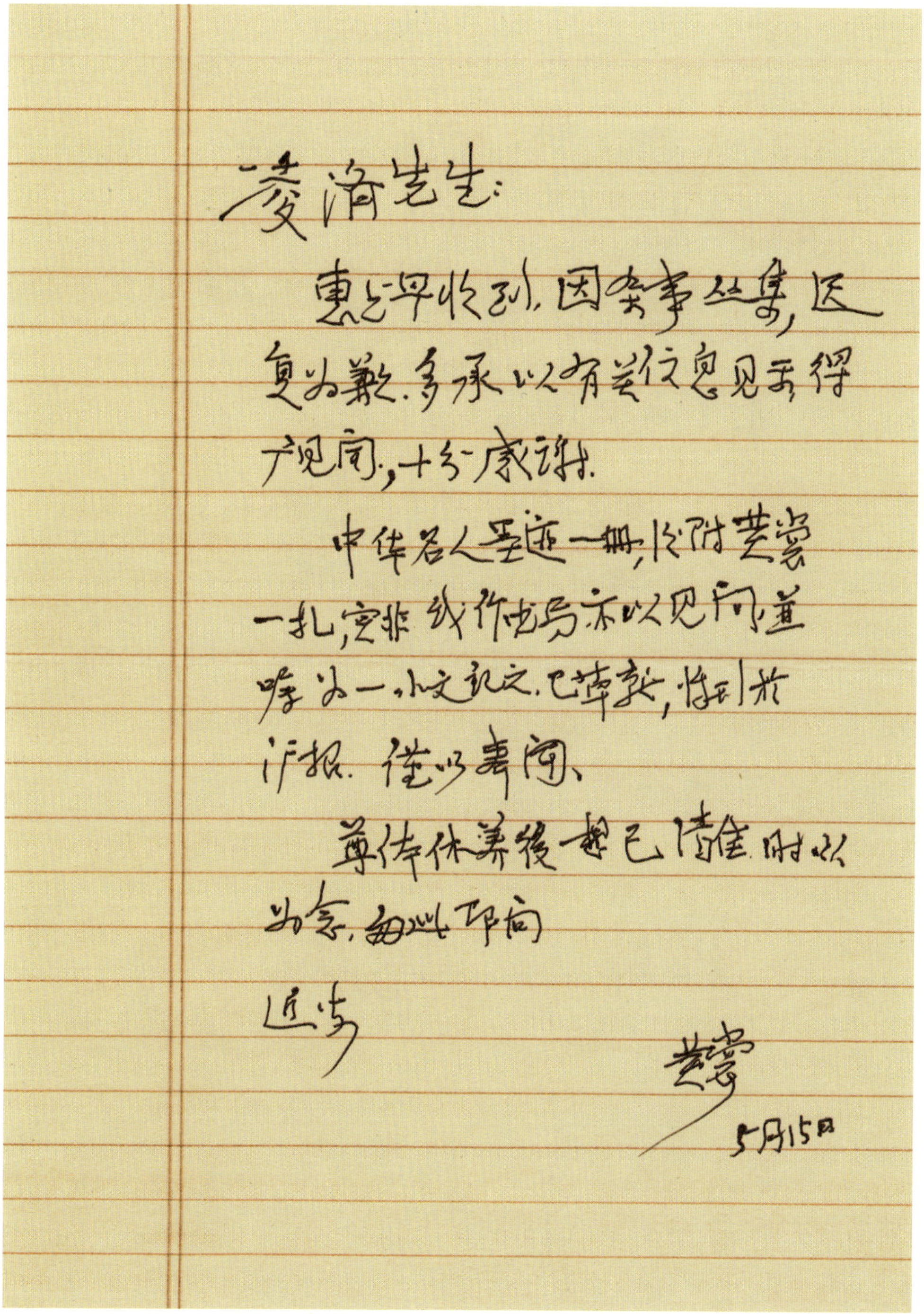

凌济先生：

惠书早收到，因杂事丛集，迟复为歉。多承以有关信息见告，得广见闻，十分感谢。

中华名人墨迹一册，收附黄裳一札，实非我作也，亦以见闻道听为一小文记之，已草就，将刊于汇报，俟以奉阅。

尊体休养后想已健全，时以为念。匆此即问

近安

黄裳

5月15日

文匯報便箋

俊东先生：

去港得把晤快谈，并承见贻新出著，至为铭感。

为贵刊二十周年纪念征文行将收稿，今寄上小文一篇，请审阅，不知合用否？如收到，乞示复为感。

即颂

撰安

黄裳 十月九日

黄裳著作书目编年

黄裳著作书目编年

1946年（27岁）

11 月，《锦帆集》，中华书局民国三十五年十一月初版一印，列“中华文艺丛刊”第四种，黄裳著。平装，32 开本，86 页。

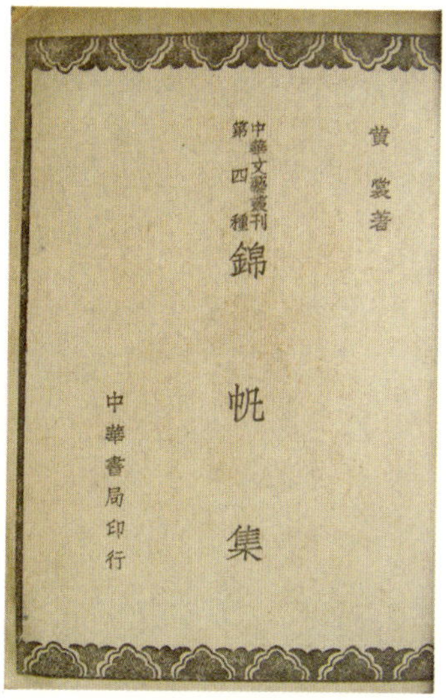

《锦帆集》书影

1947年（28岁）

3 月，《关于美国兵》，上海出版公司民国三十六年三月初版一印，新闻通讯集，列“周报丛书”第一辑，黄裳著。平装 ,32 开本，142 页。

1948年（29岁）

4 月，《锦帆集外》，文化生活出版社民国三十七年四月初版一印，散文集。列“文学丛刊”第九集，黄裳著。平装,32 开本,246 页。同时印行《锦帆集外》平装毛边本，非卖品，已知存 5 册，其中签名书 4 册。存者：黄裳、巴金、唐弢、沈鹏年、凌济。同时印行《锦帆集外》题“凤”字精装本约 10 册，非卖品，道林纸精印，蓝布硬面，书脊印书名、作者烫金字。

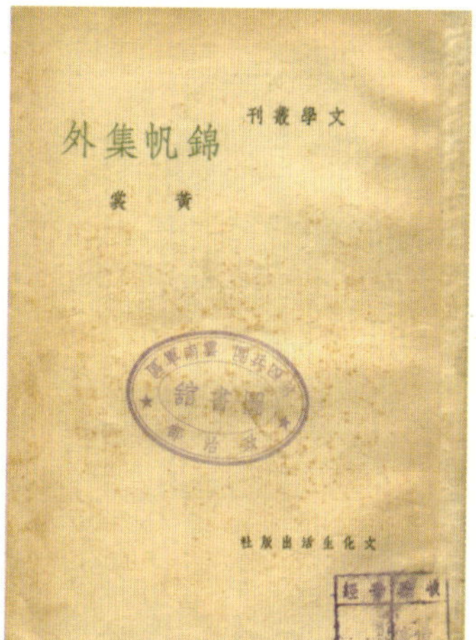

《锦帆集外》书影

作者将原纸型用宣纸打印《锦帆集外》线装本一部，上下两册，孤本。“文革”中被抄没，劫后发还，现仅存下册（黄裳自存）。

《旧戏新谈》书影

8月，《旧戏新谈》，开明书店民国三十七年八月初版一印，黄裳著。平装，32开本，185页。同时印行《旧戏新谈》平装毛边本，非卖品。同时印行《旧戏新谈》精装本约10册，非卖品，重磅道林纸特印。已知存者：巴金、唐弢。

作者将原纸型用宣纸打印《旧戏新谈》线装本四册一函，孤本（黄裳自存）。

同月，《莫洛博士岛》，文化生活出版社民国三十七年八月初版一印，〔英〕威尔斯（H.G.Wells）著，李林、黄裳合译，列“译文丛书”。平装，29开本，221页。同时印行《莫洛博士岛》，平装毛边本，非卖品。

《数学与你》书影

9月，《数学与你》，开明书店民国三十七年九月初版一印，〔美〕H.Gray,L.R.Lieber著，黄裳译。列“开明青年丛书”，32开本，62页。

12月，《旧戏新谈》，开明书店民国三十七年十二月再版，黄裳著。平装，32开本，185页。

1949年（30岁）

1月，《数学与你》，开明书店民国三十八年一月再版，〔美〕H.Gray,L.R.Lieber著，黄裳译。列“开明青年丛书”，32开本，62页。

《一个平凡的故事》书影

4月，《莫洛博士岛》，文化生活出版社民国三十八年四月再版，〔英〕威尔斯（H.G.Wells）著，李林、黄裳合译，平装，29开本，221页。

9月，《一个平凡的故事》（冈察洛夫选集），文化生活出版社民国三十八年九月初版一印，〔俄〕冈察洛夫撰，黄裳译，列“译文丛书”。平装，29开本，526页。

11月，《数学与你》，开明书店1949年11月三版，〔美〕H.Gray,L.R.Lieber著，黄裳译。列“开明青年丛书”，平装，32 开本，62 页。

1950年（31岁）

9 月，《一个平凡的故事》，文化生活出版社 1950 年 9 月再版，〔俄〕冈察洛夫撰，黄裳译，列“译文丛书”。平装，29 开本，526 页。

10 月，《一脚踏进朝鲜的泥淖里——拟美国兵日记》，泥土社 1950 年 10 月初版一印，黄裳著，洪荒插图。平装，40 开本，82 页。

11 月，《一脚踏进朝鲜的泥淖里——拟美国兵日记》，泥土社 1950 年 11 月再版，黄裳著，洪荒插图。平装，40 开本，82 页。

12 月，《新北京》，上海出版公司 1950 年 12 月初版一印，通讯集，列“艺文新辑”，黄裳著。平装，32 开本，124 页，印 2000 册。

1951年（32岁）

1 月，《新北京》，上海出版公司 1951 年 1 月再版，列“艺文新辑”，黄裳著。平装，32 开本，124 页，印 1000 册。

8 月，《和平鸽的翅子展开了》，平明出版社 1951 年 8 月初版一印，列“新时代文丛第二辑”，黄裳著。平装，32 开本，76 页，印 3000 册。

11 月，《新北京》，上海出版公司 1951 年 11 月三版，列“艺文新辑”，黄裳著。平装，32 开本，124 页，印 1000 册。

1952年（33岁）

7 月，《谈水浒戏及其他》，开明书店 1952 年 7 月初版一印，书名竖排，黄裳著。平装，32 开本，

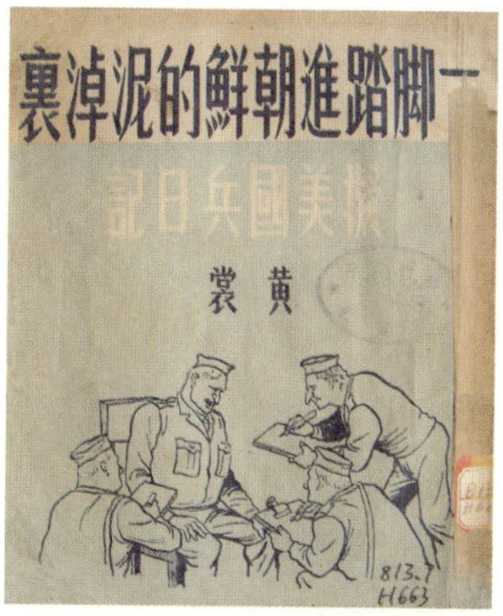

《一脚踏进朝鲜的泥淖里——拟美国兵日记》书影

《新北京》书影

《和平鸽的翅子展开了》书影

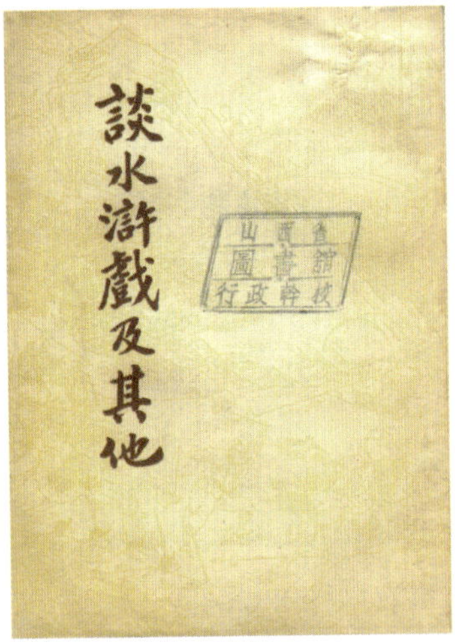

《谈水浒戏及其他》书影

《谈水浒戏及其他》书影

《西厢记与白蛇传》书影

118 页，印 4000 册。

9 月，《新北京》，上海出版公司 1952 年 9 月四版，列“艺文新辑”，黄裳著。平装，32 开本，124 页，印 1000 册。

10 月，《一个平凡的故事》，文化生活出版社 1952 年 10 月四版（编者注：该书三版出版时间不详），〔俄〕冈察洛夫撰，黄裳译，列“译文丛书”。平装，29 开本，526 页。

1953年（34岁）

2 月，《一个平凡的故事》，文化生活出版社 1953 年 2 月五版，〔俄〕冈察洛夫撰，黄裳译，列“译文丛书”。平装，29 开本，526 页，印 3000 册。

5 月，《谈水浒戏及其他》，平明出版社 1953 年 5 月初版一印，书名横排，黄裳著。平装，32 开本，129 页，印 7000 册。

同月，《一个平凡的故事》，文化生活出版社 1953 年 5 月六版，〔俄〕冈察洛夫撰，黄裳译，列“译文丛书”。平装，29 开本，526 页，印 3000 册。

7 月，《西厢记与白蛇传》，平明出版社 1953 年 7 月初版一印，戏曲论文集，黄裳著。平装，32 开本，266 页，印 16500 册。同时印行平装毛边本，非卖品。

1954年（35岁）

1 月，《西厢记与白蛇传》，平明出版社 1954 年 1 月二版，抽去《跋祁彪佳〈曲品〉残稿》一文，黄裳著。平装，32 开本，196 页，印 12000 册。

4 月，《猎人日记》，平明出版社 1954 年 4 月初版一印，列“新译文丛刊”，〔俄〕屠格涅夫原著，黄裳译。平装，25 开本，498 页，印 13000 册。同时印行精装本，非卖品，黑丝绒面圣经纸精印，印数约 10 册。已知存者：巴金、黄裳。另有平装改精装本两种。绛红色细纹布封面本，已知存者：陈子善；五彩红色锦缎布封面本，已知存者：李济生。

5 月，《西厢记与白蛇传》，平明出版社 1954 年 5 月三版，抽去《跋祁彪佳〈曲品〉残稿》一文，黄裳著。平装，32 开本，196 页，印 6000 册。

9 月，《西厢记与白蛇传》，平明出版社 1954 年 9 月初版四印，抽去《跋祁彪佳〈曲品〉残稿》一文，黄裳著。平装，32 开本，196 页，印 3500 册。

11 月，《平凡的故事》，平明出版社 1954 年 11 月初版一印，列“新译文丛刊”，〔俄〕冈察洛夫撰，黄裳译。平装，25 开本，501 页，印 4000 册。同时印行精装本，非卖品，黑丝绒面圣经纸精印，印数约 10 册。已知存者：巴金。另有平装改精装本一种，绛红色细纹布封面本，已知存者：周亚举。

12 月，《哥略夫里奥夫家族》，平明出版社 1954 年 12 月初版一印，列“新译文丛刊”，〔苏联〕萨尔蒂科夫（又译为谢德林）著，黄裳译。平装，25 开本，416 页，印 7000 册。同时印行精装本，非卖品，黑丝绒面圣经纸精印，印数约 10 册。已知存者：巴金、周亚举。另有平装改精装本一种，灰色细纹布封面本，已知存者：凌济。

同年，《盖叫天的舞台艺术》（镜头记录本），由中央电影局上海电影制片厂印制，平装，16 开本，45 页，油印本。为京剧舞台艺术片《盖叫天的舞台艺术》电影完成台本。该剧由上海市人民京剧团演出，上海电影制片厂 1954 年摄制。黄裳负责该剧编辑及解说词，未出版单行本。

《猎人日记》书影

《平凡的故事》书影

《哥略夫里奥夫家族》书影

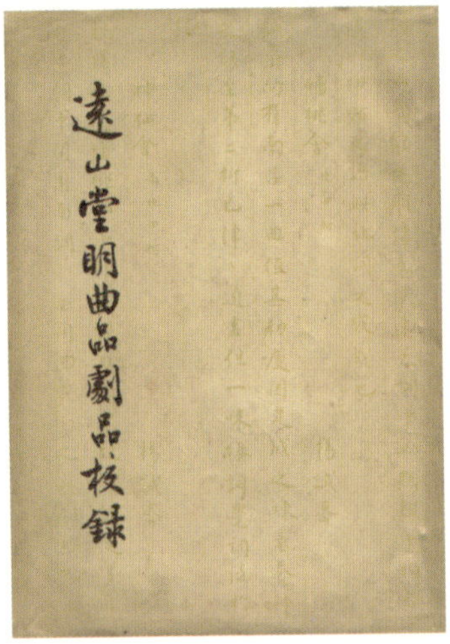

《远山堂明曲品剧品校录》书影

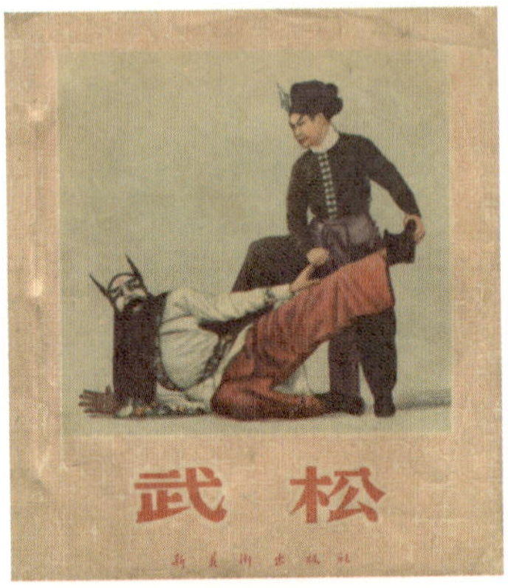

《武松》书影

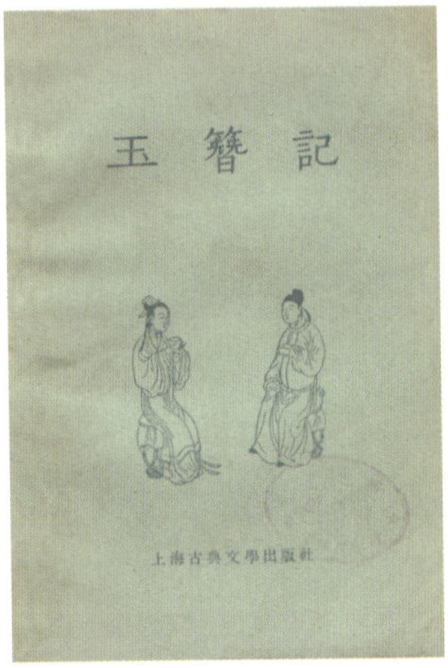

《玉簪记》书影

1955年（36岁）

4月，《远山堂明曲品剧品校录》，上海出版公司1955年4月初版一印，〔明〕祁彪佳著，黄裳校注。平装，32开本，308页，印5000册。

5月，《西厢记与白蛇传》，平明出版社1955年5月初版五印，抽去《跋祁彪佳〈曲品〉残稿》一文，黄裳著。平装，32开本，196页，印4000册。

同月，《平凡的故事》，平明出版社1955年5月初版二印，黄裳著。平装，25开本，501页，印2000册。

10月，《武松》，新美术出版社1955年10月初版一印，列“戏曲画册”，黄裳编剧。40开本，288页，平装印11000册，精装印2200册。

11月，《西厢记与白蛇传》，平明出版社1955年11月初版六印，抽去《跋祁彪佳〈曲品〉残稿》一文，黄裳著。平装，32开本，196页，印1000册。

12月，《一箭仇》，新美术出版社1955年12月初版一印，列“戏曲画册”，黄裳编剧。40开本，210页，平装印8000册，道林纸精装印1300册。

1956年（37岁）

9月，《平凡的故事》，新文艺出版社1956年9月新一版一印，〔俄〕冈察洛夫撰，黄裳译。平装，32开本，501页，印3000册。

10月，《哥略夫里奥夫家族》，新文艺出版社1956年10月新一版一印，〔苏联〕萨尔蒂科夫著，黄裳译。平装，32开本，416页，印4000册。

同月，《玉簪记》，上海古典文学出版社1956年10月初版一印，〔明〕高濂著，黄裳校注。平装，32开本，137页，印10000册。

11 月，《彩楼记》，上海古典文学出版社 1956 年 11 月初版一印，〔明〕无名氏著，黄裳校注。平装，32 开本，86 页，印 10000 册。

同月，《猎人日记》，新文艺出版社 1956 年 11 月新一版一印，〔俄〕屠格涅夫著，黄裳译。平装，25 开本，498 页，印 4000 册。

《彩楼记》书影

1957年（38岁）

8 月，《哥略夫里奥夫家族》，新文艺出版社 1957 年 8 月新一版二印，〔苏联〕萨尔蒂科夫著，黄裳译。平装，32 开本，416 页，印 3200 册。

9 月，《林冲》，中国电影出版社 1957 年 9 月初版一印，电影文学剧本，黄裳著。平装，32 开本，51 页，印 4120 册。

《林冲》书影

同月，《平凡的故事》，新文艺出版社 1957 年 9 月新一版二印，〔俄〕冈察洛夫撰，黄裳译。平装，32 开本，501 页，印 4800 册。

10 月，《远山堂明曲品剧品校录》，古典文学出版社 1957 年 10 月新一版一印，〔明〕祁彪佳著，黄裳校注。平装，32 开本，344 页，印 1000 册。

11 月，《玉簪记》，上海古典文学出版社 1957 年 11 月初版二印，〔明〕高濂著，黄裳校注。平装，32 开本，137 页，印 7000 册。

同月，《彩楼记》，上海古典文学出版社 1957 年 11 月初版二印，〔明〕无名氏著，黄裳校注。平装，32 开本，86 页，印 8000 册。

《林冲》（完成台本）书影

1958年（39岁）

《林冲》（完成台本），上海江南电影制片厂 1958 年印制，根据上海江南电影制片厂 1958 年同名电影

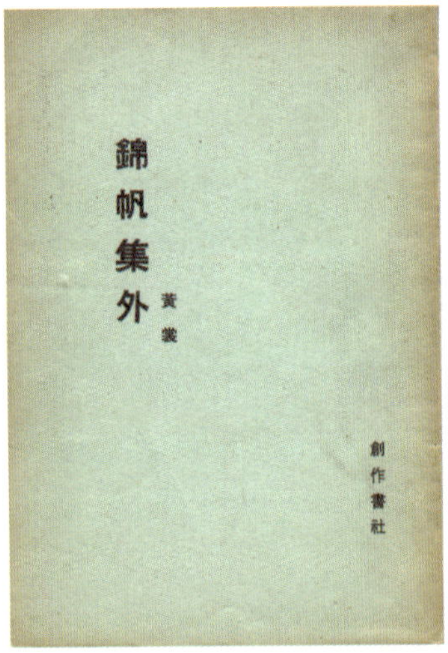

《锦帆集外》书影

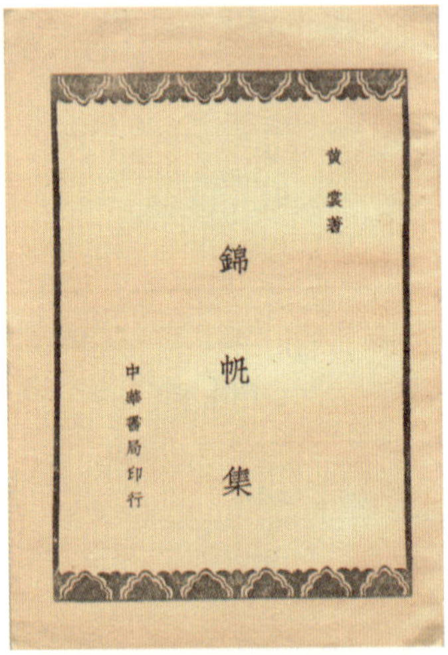

《锦帆集》书影

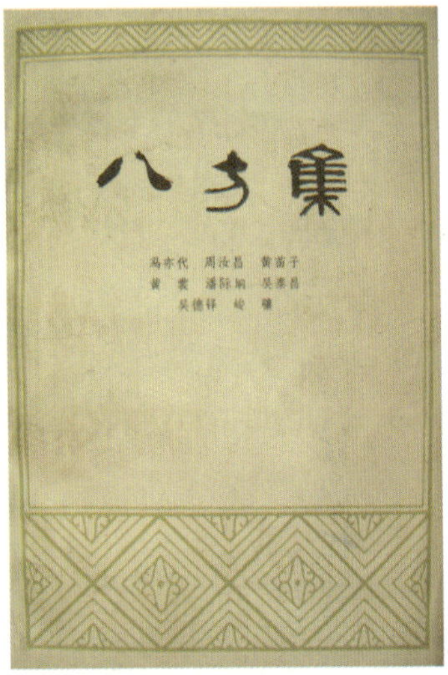

《八方集》书影

记录，黄裳编剧。平装，16开本，44页，油印本。

9月，《林冲》（连环画），中国电影出版社1958年9月初版一印，列“电影连环画册”。根据上海江南电影制片厂1958年同名电影改编，黄裳编剧。平装，60开本，96页，印30000册。

1959年（40岁）

11月，《林冲》（连环画），中国电影出版社1959年11月初版二印，列“电影连环画册”。根据上海江南电影制片厂1958年同名电影改编，黄裳编剧。平装，60开本，96页，印25300册。

1962年（43岁）

《锦帆集外》，香港创作书社据文化生活出版社民国三十七年四月初版本翻印，具体时间不详。

1976年（57岁）

《锦帆集》，香港某出版社据中华书局民国三十五年十一月初版本翻印，无“中华文艺丛刊第四辑”字样，具体时间不详。

1981年（62岁）

6月，《八方集》，人民日报出版社1981年6月初版一印，列“大地文丛”，冯亦代、周汝昌、黄苗子、黄裳、潘际坰、吴泰昌、吴德铎、峻骧八人合著，收录黄裳文12篇，此为黄裳停笔20多年来大陆首发。平装，32开本，280页，印17300册。同时印行平装毛边本，非卖品。

9月，《哥略夫里奥夫家族》，上海译文出版社1981年9月新一版一印，〔苏联〕萨尔蒂科夫著，黄裳译。平装，32 开本，419 页，印 57000 册。

11 月，《山川 · 历史 · 人物》，生活 · 读书 · 新知三联书店香港分店 1981 年 11 月初版一印，列“回忆与随想文丛”，黄裳著。平装，32 开本，289 页。

1982年（63岁）

2 月，《榆下说书》，生活 · 读书 · 新知三联书店 1982 年 2 月初版一印，黄裳著。平装，32 开本，379 页，印 16000 册。同时印行平装毛边本 50 册，非卖品。

5 月，《花步集》，花城出版社 1982 年 5 月初版一印，黄裳著。平装，32 开本，264 页，印 12500 册。同时印行平装毛边本，非卖品。

6 月，《金陵五记》，金陵书画社 1982 年 6 月初版一印，黄裳著。平装，32 开本，260 页，印 26500 册。同时印行平装毛边本，非卖品。

1983年（64岁）

9 月，《山川 · 历史 · 人物》，生活 · 读书 · 新知三联书店香港分店 1983 年 9 月初版二印，列“回忆与随想文丛”，黄裳著。平装，32 开本，289 页。

11 月，《猎人日记》，上海译文出版社 1983 年 11 月新一版一印，据新文艺版重印，〔俄〕屠格涅夫原著，黄裳译。平装，32 开本，441 页，印 30100 册。

1984年（65岁）

6 月，《黄裳论剧杂文》，四川人民出版社 1984 年 6 月初版一印，黄裳著，平装，32 开本，909 页，印 2400 册。同时印行平装毛边本，非卖品。

8 月，《过去的足迹》，人民文学出版社 1984 年 8 月初版一印，黄裳著。32 开本，335 页，平装印

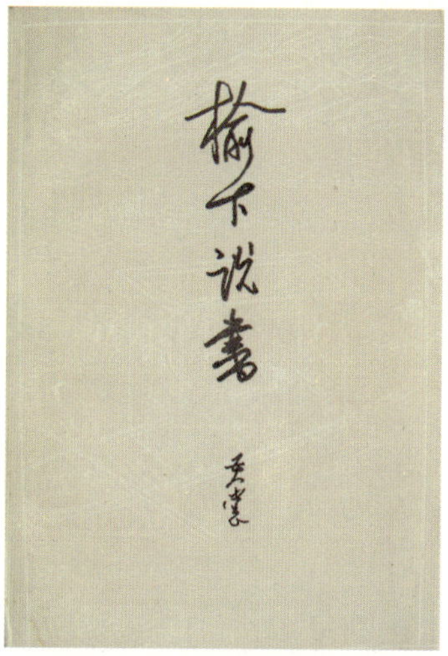

《榆下说书》书影

《花步集》书影

《山川 · 历史 · 人物》书影

《金陵五记》书影

《京剧故事集》英文版书影

《珠还集》书影

28600 册，精装印 2200 册。同时印行平装毛边本，非卖品。

9 月，《金陵五记》，江苏人民出版社 1984 年 9 月初版二印，黄裳著。平装，32 开本，260 页，印 8600 册。

10 月，《晚春的行旅》，生活 · 读书 · 新知三联书店香港分店 1984 年 10 月初版一印，列“回忆与随想文丛”，黄裳著。平装，32 开本，243 页。

1985年（66岁）

TALES FROM PEKING OPERA（《京剧故事集》英文版），新世界出版社 1985 年初版一印，黄裳著。平装，32 开本，232 页。

2 月，《银鱼集》，生活 · 读书 · 新知三联书店 1985 年 2 月初版一印，黄裳著。平装，32 开本，377 页，印 10900 册。同时印行平装毛边本 50 册，非卖品。

5 月，《珠还集》，生活 · 读书 · 新知三联书店香港分店 1985 年 5 月初版一印，列“回忆与随想文丛”，黄裳著。平装，32 开本，240 页。

同月，《珠还记幸》，生活 · 读书 · 新知三联书店 1985 年 5 月初版一印，列“读书文丛”，黄裳著。平装，32 开本，524 页，印 9600 册。

12 月，《翠墨集》，生活 · 读书 · 新知三联书店 1985 年 12 月初版一印，黄裳著。平装，32 开本，347 页，印 3600 册。同时印行平装毛边本 50 册，非卖品。

1986年（67岁）

1 月，《黄裳杂文 · 河里子集》，（香港）博益出版集团有限公司 1986 年 1 月初版一印，列“中国当代作家介绍”，黄裳著。平装，32 开本，226 页。

10 月，《晚春的行旅》，湖南人民出版社 1986 年 10 月初版一印，列“骆驼丛书”，黄裳著。平装，32 开本，201 页，印 2500 册。

12 月，《负暄录》，湖南人民出版社 1986 年 12 月初版一印，列“骆驼丛书”，黄裳著。平装，32 开本，221 页，印 2600 册。

同月，《惊弦集》，湖南人民出版社 1986 年 12 月初版一印，列“骆驼丛书”，黄裳著。平装，32 开本，202 页，印 1800 册。

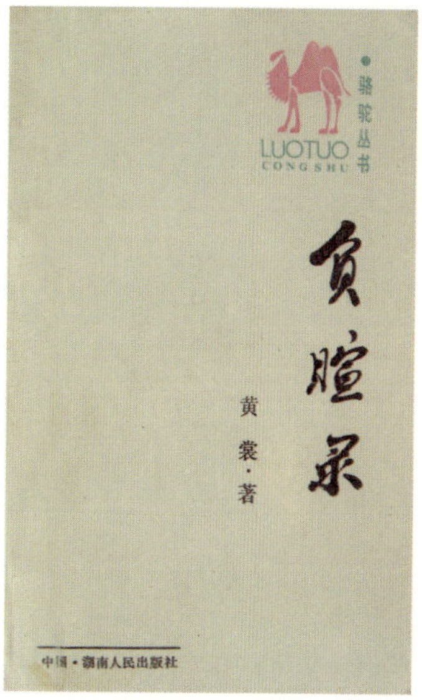

《负暄录》书影

1987年（68岁）

10 月，《锦帆集外》，上海书店出版社据文化生活出版社民国三十七年四月初版本影印，列“中国现代文学史参考资料”，黄裳著。平装，32 开本，246 页，印 4000 册。

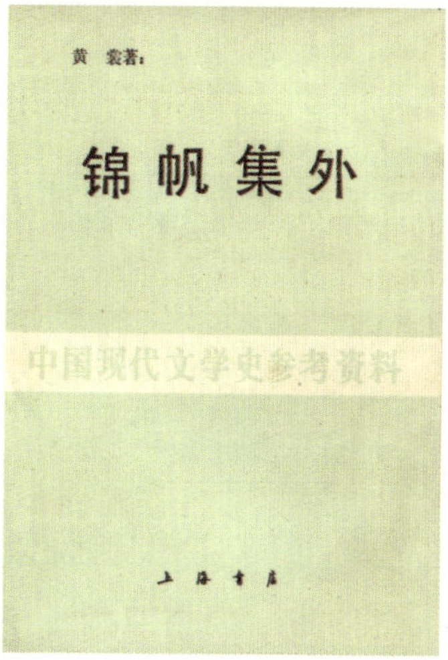

《锦帆集外》书影

1988年（69岁）

1 月，《笔祸史谈丛》，人民日报出版社 1988 年 1 月初版一印，黄裳著。平装，32 开本，104 页，印 4000 册。

6 月，《彩色的花雨》，三联书店上海分店 1988 年 6 月初版一印，平装，32 开本，165 页，印 11000 册。

10 月，《当代杂文选粹第三辑 · 黄裳之卷》，湖南文艺出版社 1988 年 10 月初版一印，列“当代杂文选粹”，黄裳著。平装，32 开本，176 页，印 3550 册。

1989年（70岁）

6 月，《前尘梦影新录》，齐鲁书社 1989 年 6 月初版一印，黄裳著。平装，32 开本，197 页，印 1000 册。

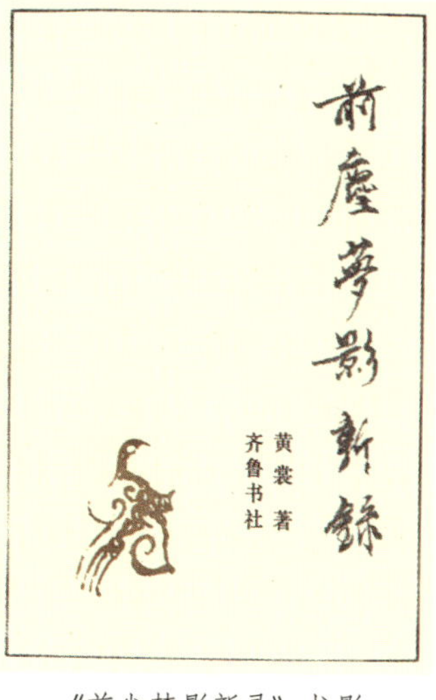

《前尘梦影新录》书影

8 月，《猎人日记》，上海译文出版社 1989 年 8

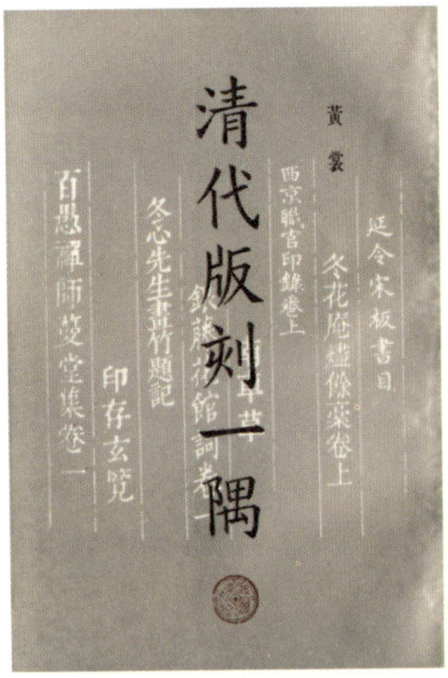

《清代版刻一隅》书影

月新一版二印，〔俄〕屠格涅夫著，黄裳译。平装，32 开本，441 页，印 3200 册。

1992年（73岁）

1 月，《清代版刻一隅》，齐鲁书社 1992 年 1 月初版一印，黄裳著。平装，32 开本，428 页，印 1000 册。

8 月，《榆下杂说》，上海古籍出版社 1992 年 8 月初版一印，黄裳著。平装，32 开本，264 页，印 2500 册。

《榆下杂说》书影

1993年（74岁）

3 月，《一市秋茶》，广东旅游出版社 1993 年 3 月初版一印，列“情境文库”，黄裳著。平装，32 开本，339 页，印 2000 册。

1994年（75岁）

4 月，《河里子集》，百花文艺出版社 1994 年 4 月初版一印，黄裳著。平装，32 开本，388 页，印 1000 册。

8 月，《旧戏新谈》，开明出版社 1994 年 8 月初版一印，列“开明文库”第二辑，黄裳著。平装，32 开本，195 页，印 10000 册。

10 月，《春夜随笔》，成都出版社 1994 年 10 月初版一印，列“当代名家杂文系列”，黄裳著。平装，32 开本，246 页，印 10000 册。

12 月，《旧戏新谈》，开明出版社 1994 年 12 月初版二印，列“开明文库”第二辑，黄裳著。平装，32 开本，195 页，印 20000 册。

《春夜随笔》书影

1995年（76岁）

5月，《春夜随笔》，成都出版社1995年5月初版二印，列“当代名家杂文系列”，黄裳著。平装，32开本，246页，印8000册。

《音尘集》书影

1996年（77岁）

1月，《音尘集》，辽宁教育出版社1996年1月初版一印，列“书趣文丛”第三辑，黄裳著。平装，32开本，247页，印500册。

3月，《清代版刻一隅》，齐鲁书社1996年3月初版二印，黄裳著。平装，32开本，428页，印8000册。

4月，《旧戏新谈》，开明出版社1996年4月初版三印，列“开明文库”第二辑，黄裳著。平装，32开本，195页，印8000册。

9月，《音尘集》，辽宁教育出版社1996年9月初版二印，列“书趣文丛”第三辑，黄裳著。平装，32开本，247页，印10000册。

10月，《黄裳书话》，北京出版社1996年10月初版一印，列“现代书话丛书”，黄裳著。平装，32开本，362页，印10000册。

《旧戏新谈》书影

1997年（78岁）

1月，《彩色的花雨》，上海三联书店1997年1月初版二印，列“三联文库·文化随笔系列”，黄裳著。平装，32开本，159页，印6000册。

2月，《黄裳散文选集》，百花文艺出版社1997年2月初版一印，列“百花散文书系·当代部分”，黄裳著。平装，32开本，315页，印15000册。

3月，《妆台杂记》，中国社会科学出版社1997年3月初版一印，列“学术随笔文丛”，黄裳著。32开本，231页，印10100册。

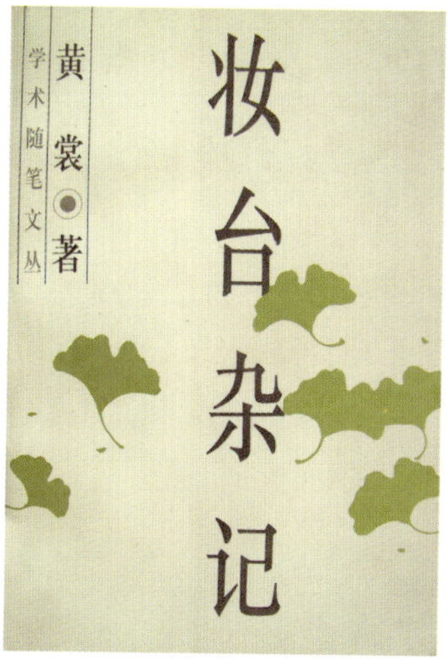

《妆台杂记》书影

《彩色的花雨》书影

《书之归去来》书影

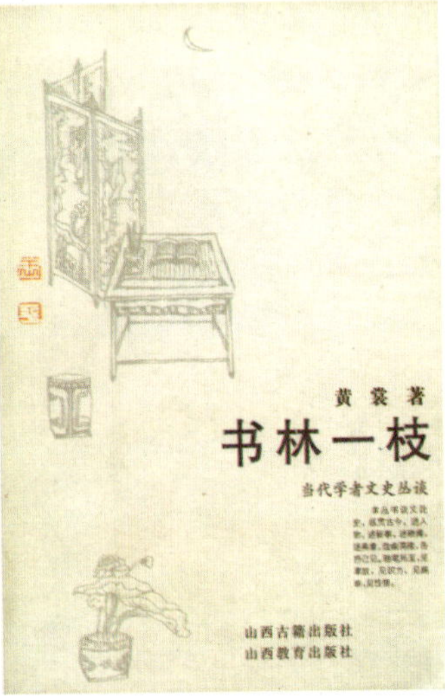

《书林一枝》书影

4月，《榆下杂说》，上海古籍出版社1997年4月初版二印，黄裳著。平装，32开本，264页，印2000册。

5月，《彩色的花雨》，上海三联书店1997年5月初版三印，列“三联文库·文化随笔系列”，黄裳著。平装，32开本，159页，印6000册。

7月，《音尘集》，辽宁教育出版社1997年7月初版三印，列“书趣文丛第三辑”，黄裳著。平装，32开本，247页，印6000册。

8月，《书之归去来》，湖北人民出版社1997年8月初版一印，列“人间书”，黄裳著。32开本，340页，印8140册。

10月，《黄裳书话》，北京出版社1997年10月初版二印，列“现代书话丛书”，黄裳著。平装，32开本，362页，印8000册。

1998年（79岁）

1月，《书林一枝》，山西古籍出版社、山西教育出版社1998年1月初版一印，列“当代学者文史丛谈”，黄裳著。平装，32开本，201页，印5000册。

4月，《黄裳文集》（全六卷，卷目：锦帆、剧论、珠还、榆下、杂说、春夜），上海书店出版社1998年4月初版一印，黄裳著。平装，32开本，4319页，印4000册。同时印行精装本10套，非卖品。另有平装改精装本，似中国图书进出口公司改装，蓝色、红色两种硬纸封面，同套不同色，黑书脊印书名，烫金，已知存者：凌济。

5月，《黄裳散文》，浙江文艺出版社1998年5月初版一印，黄裳著。平装，32开本，491页，印

15000 册。

同月，《榆下说书》，生活 · 读书 · 新知三联书店 1998 年 5 月初版二印，黄裳著。平装，32 开本，291 页。

10 月，《秦淮拾梦记》，新世纪出版社 1998 年 10 月初版一印，列“学者小品经典丛书第二辑”，黄裳著。平装，32 开本，243 页，印 5000 册。该书未经作者同意出版，实属盗版，丛书由季羡林主编，前言撰写者为李家平。

12 月，《掌上的烟云》，华东师范大学出版社 1998 年 12 月初版一印，列“思无邪文丛”，黄裳著。平装，32 开本，415 页，印 5000 册。

《掌上的烟云》书影

1999年（80岁）

2 月，《小楼春雨》，古吴轩出版社 1999 年 2 月初版一印，列“忆江南丛书”，黄裳著。平装，32 开本，253 页，印 5000 册。

《小楼春雨》书影

5 月，《来燕榭书跋》，上海古籍出版社 1999 年 5 月初版一印，黄裳著。平装，32 开本，385 页，印 3000 册。

9 月，《书的故事》，吉林摄影出版社 1999 年 9 月初版一印，列“二十世纪中国著名作家散文经典”，黄裳著。平装，32 开本，124 页，印 3000 册。该书未经作者同意出版，实属盗版，丛书由季羡林主编，执行主编为谷向阳、朱晓东。

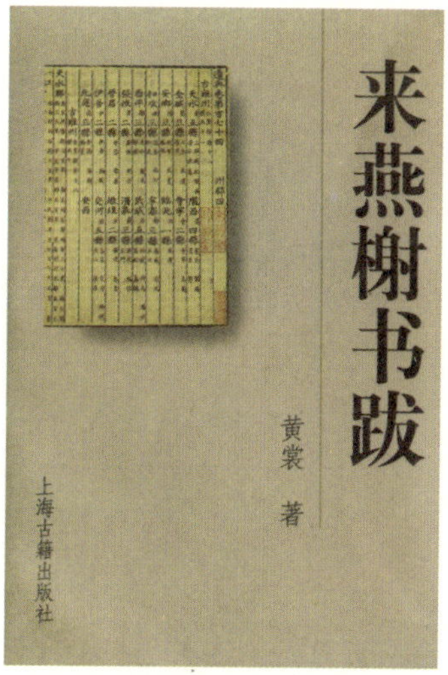

《来燕榭书跋》书影

2000年（81岁）

1 月，《金陵五记》，江苏古籍出版社 2000 年 1 月初版一印，黄裳著。平装，32 开本，210 页。

《来燕榭读书记》书影

2001年（82岁）

1月，《黄裳说南京》，四川文艺出版社 2001 年 1 月初版一印，列“名家说名城系列”，黄裳著。平装，32 开本，353 页。

3月，《来燕榭读书记》（上、下），辽宁教育出版社 2001 年 3 月初版一印，黄裳著。32 开本，720 页，平装印 4000 册，精装印 500 册。同时印行平装毛边本 20 册，非卖品。

9月，《春回札记》，福建人民出版社 2001 年 9 月初版一印，列“瞻顾文丛”第二辑，黄裳著。32 开本，380 页，印 3000 册。

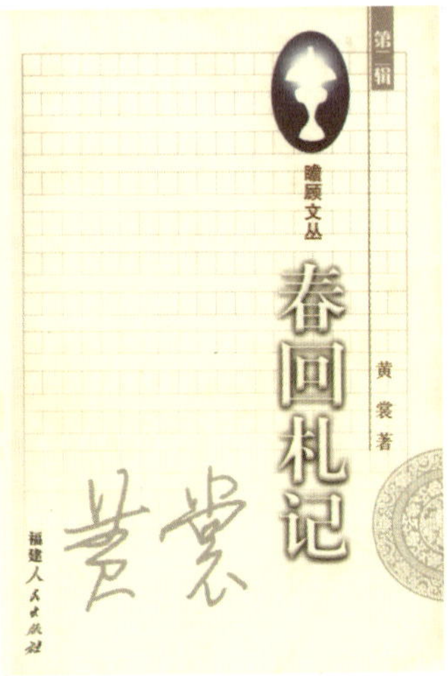

《春回札记》书影

2002（83岁）

10月，《黄裳自述》，大象出版社 2002 年 10 月初版一印，列“大象人物自述文丛”，黄裳著。16 开本，243 页，印 6000 册。

12月，《清刻本》，江苏古籍出版社 2002 年 12 月初版一印，列“中国版本文化丛书”，黄裳著。18 开本，207 页，印 3000 册。同时印行平装毛边书，非卖品。

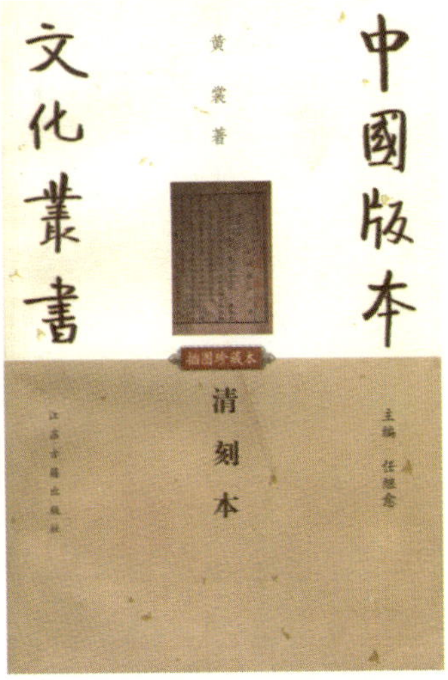

《清刻本》书影

2003年（84岁）

1月，《旧戏新谈》，北京出版社 2003 年 1 月初版一印，列“大家小书”，黄裳著。平装，32 开本，207 页，印 10000 册。

3月，《旧戏新谈》，北京出版社 2003 年 3 月初版二印，列“大家小书”，黄裳著。平装，32 开本，207 页，印 6000 册。

同月，《书的故事》，吉林摄影出版社 2003 年 3 月初版一印，列“二十世纪中国著名作家散文经典”，黄裳著。平装，32开本，119页，印30000册。经考证，该书系盗印吉林摄影出版社1999年9月初版一印本，原书系未经作者同意出版，本为盗版书，如今盗版书被盗版，已发现此盗版书三种。

8月，《清刻本》，江苏古籍出版社2003年8月初版二印，列“中国版本文化丛书”，黄裳著。平装，18开本，207页，印4000册。

同月，《笔祸史谈丛》，北京出版社2004年9月初版三印，列“大家小书”，黄裳著。平装，32开本，132页，印5000册。

《笔祸史谈丛》书影

2004年（85岁）

1月，《笔祸史谈丛》，北京出版社2004年1月初版一印，列“大家小书”，黄裳著。平装，32开本，132页，印10000册。

同月，《惊弦集》，河北教育出版社2004年1月初版一印，列“世相丛书”，黄裳著。平装，32开本，260页。

《惊弦集》书影

同月，《来燕榭书札》，大象出版社2004年1月初版一印，列“大象人物书简文丛”，黄裳著。平装，16开本，187页，印5000册。同时印行平装毛边本20册，非卖品。

3月，《黄裳·南京》，吉林美术出版社2004年3月初版一印，列“名人与名城的前世今生”第一辑，黄裳著。平装，20开本，153页，印10100册。该书未经作者同意出版，实属盗版。

同月，《笔祸史谈丛》，北京出版社2004年3月初版二印，列“大家小书”，黄裳著。平装，32开本，132页，印5000册。

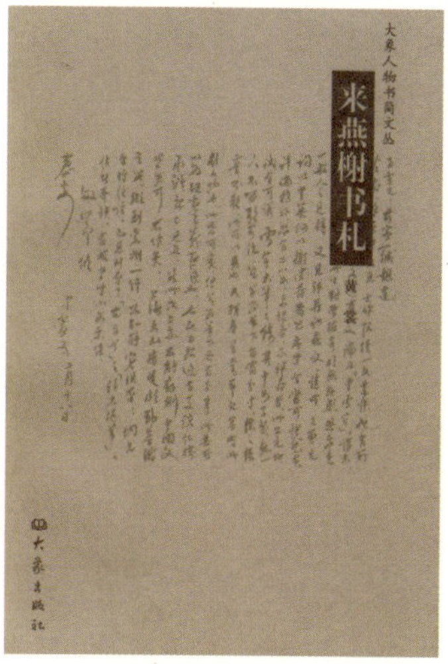

《来燕榭书札》书影

5月，《白门秋柳》，江苏文艺出版社2004年5月初版一印，列“大家散文文存丛书”，黄裳著。平装，

《白门秋柳》书影

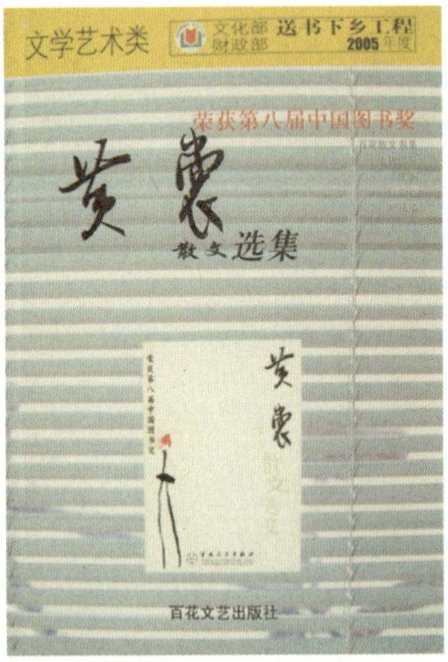

《黄裳散文选集》书影

《梦雨斋读书记》书影

32本，339页。

6月，《白门秋柳》，江苏文艺出版社2004年6月初版二印，列“大家散文文存丛书”，黄裳著。平装，32开本，339页。

7月，《旧戏新谈》，北京出版社2004年7月初版三印，列“大家小书”，封面加印“2004年度文化部财政部送书下乡工程”，黄裳著。平装，32开本，207页，印4000册。

同月，《黄裳序跋》，古吴轩出版社2004年7月初版一印，列“书人文丛·序跋小系”，黄裳著。平装，32开本，145页，印3000册。

9月，《黄裳散文选集》，百花文艺出版社2004年9月二版一印，列“百花散文书系·当代部分”，黄裳著。平装，32开本，405页，印5000册。是书另有版本，封面加印“文学艺术类　文化部财政部2005年度送书下乡工程”字样。

同月，《旧戏新谈》，北京出版社2004年9月初版四印，列“大家小书”，黄裳著。平装，32开本，207页，印5000册。

同月，《笔祸史谈丛》，北京出版社2004年9月初版三印，列“大家小书”，黄裳著。平装，32开本，132页，印5000册。

12月，《白门秋柳》，江苏文艺出版社2004年6月初版三印，列“大家散文文存丛书”，黄裳著。平装，32开本，339页。

2005年（86岁）

3月，《梦雨斋读书记》，岳麓书社2005年3月初版一印，列“开卷文丛”，黄裳著。平装，32开本，204页，印4000册。同时印行平装毛边本100册，非卖品。

5月，《海上乱弹》，文汇出版社2005年5月初版一印，列“文汇原创丛书”，黄裳著。平装，16开本，228页，印3000册。

8月，《笔祸史谈丛》，北京出版社2005年8月初版四印，列“大家小书”，封面注明“文化教育类　文化部财政部2005年度送书下乡工程”，黄裳著。平装，32开本，132页。

10月，《白门秋柳》，江苏文艺出版社2005年10月初版四印，列“大家散文文存丛书”，黄裳著。平装，32开本，339页。

11月，《清代版刻一隅（增订本）》，复旦大学出版社2005年11月初版一印，黄裳著。平装，16开本，430页，印5100册。

《海上乱弹》书影

2006年（87岁）

4月，《珠还记幸（修订本）》，生活·读书·新知三联书店2006年4月初版一印，黄裳著。平装，16开本，418页，印10000册。同时印行平装毛边本10册、特精装本100册，均为非卖品。

《珠还记幸（修订本）》书影

5月，《来燕榭集外文钞》，作家出版社2006年5月初版一印，黄裳著。平装，16开本，516页。同时印行平装毛边本100册，非卖品。同时印行平装本100册，加贴黄永玉设计藏书票一枚，谓之珍藏版。

6月，《插图的故事》，上海书店出版社2006年6月初版一印，黄裳著。精装，32开本，145页，印5000册。同时印行精装毛边本100册，非卖品。

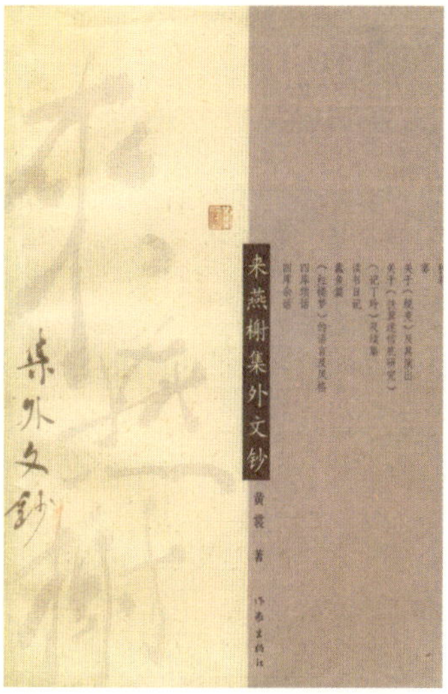

《来燕榭集外文钞》书影

同月，《春夜随笔》，安徽教育出版社2006年6月初版一印，列“黄裳作品系列”，黄裳著。平装，32开本，229页，印4000册。同时印行平装毛边本

《过去的足迹》
（人民文学出版社版）书影

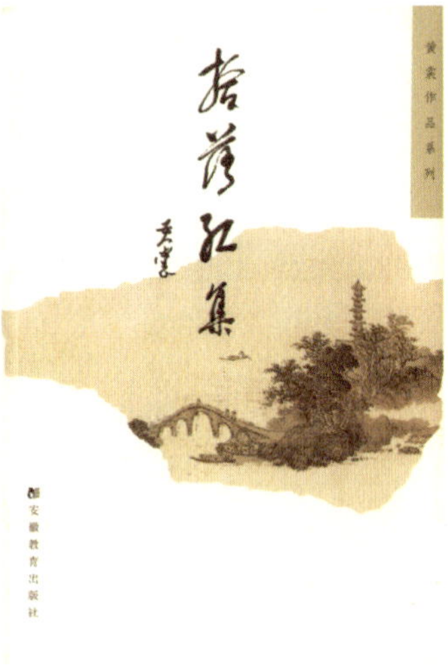

《拾落红集》书影

《彩色的花雨》英文版书影

20册，非卖品。

同月，《翠墨集》，安徽教育出版社2006年6月初版一印，列“黄裳作品系列”，黄裳著。平装，32开本，264页，印4000册。同时印行平装毛边本20册，非卖品。

同月，《过去的足迹》，安徽教育出版社2006年6月初版一印，列“黄裳作品系列”，黄裳著。平装，32开本，352页，印4000册。同时印行平装毛边本20册，非卖品。

同月，《河里子集》，安徽教育出版社2006年6月初版一印，列“黄裳作品系列”，黄裳著。平装，32开本，381页，印4000册。同时印行平装毛边本20册，非卖品。

同月，《拾落红集》，安徽教育出版社2006年6月初版一印，列“黄裳作品系列”，黄裳著。平装，32开本，268页，印4000册。同时印行平装毛边本20册，非卖品。

同月，《银鱼集》，安徽教育出版社2006年6月初版一印，列“黄裳作品系列”，黄裳著。平装，32开本，292页，印4000册。同时印行平装毛边本20册，非卖品。

同月，《榆下说书》，安徽教育出版社2006年6月初版一印，列“黄裳作品系列”，黄裳著。平装，32开本，298页，印4000册。同时印行平装毛边本20册，非卖品。

同月，《榆下杂说》，安徽教育出版社2006年6月初版一印，列“黄裳作品系列”，黄裳著。平装，32开本，293页，印4000册。同时印行平装毛边本20册，非卖品。

10月，*TALES FROM PEKING OPERA*（《彩

色的花雨》英文版)，美国 BETTER LINK PRESS 2006 年 10 月纽约出版，列“文化中国系列丛书”，黄裳著，马得插图。平装，16 开本，215 页。

同月，*TALES FROM PEKING OPERA*（《彩色的花雨》汉英对照版）（上、下），美国 BETTER LINK PRESS 2006 年 10 月纽约出版，列“《文化中国》汉英对照阅读系列”，黄裳著。平装，32 开本，382 页。

同月，《皓首学术随笔 · 黄裳卷》，中华书局 2006 年 10 月初版一印，列“皓首学术随笔”，黄裳著。平装，16 开本，288 页，印 5000 册。

12 月，《白门秋柳》，江苏文艺出版社 2006 年 12 月初版五印，列“大家散文文存丛书”，黄裳著。平装，32 开本，339 页。

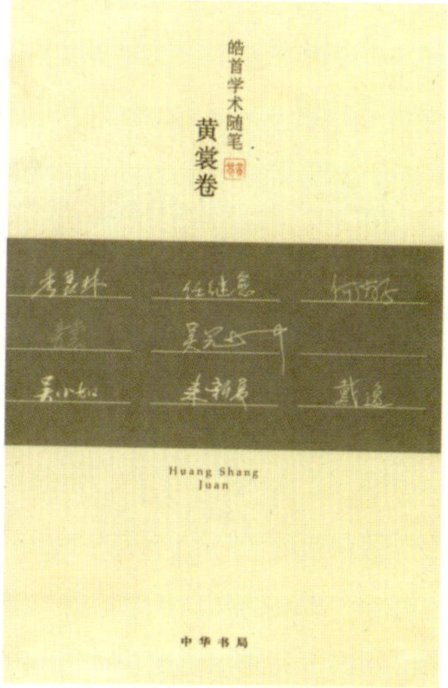

《皓首学术随笔 · 黄裳卷》书影

2007年（88岁）

1 月，《插图的故事》，上海书店出版社 2007 年 1 月初版二印，列“海上文库”，黄裳著。精装，32 开本，145 页，印 3000 册。

4 月，《珠还记幸（修订本）》，生活 · 读书 · 新知三联书店 2007 年 4 月初版二印，黄裳著。平装，16 开本，418 页，印 5000 册。

12 月，《好水好山——黄裳自选集》，香港天地图书有限公司 2007 年 12 月初版一印，列“当代散文典藏”，黄裳著。平装，32 开本，277 页。

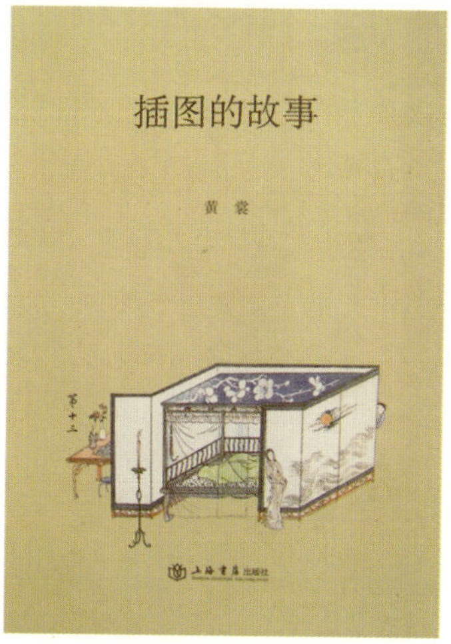

《插图的故事》书影

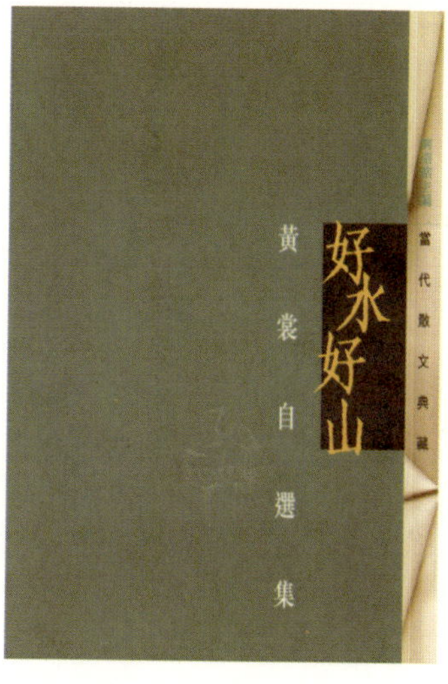

《好水好山——黄裳自选集》书影

2008年（89岁）

1 月，《黄裳自选集》，人民文学出版社 2008 年 1 月初版一印，黄裳著。平装，16 开本，344 页，印 6000 册。

《劫余古艳》书影

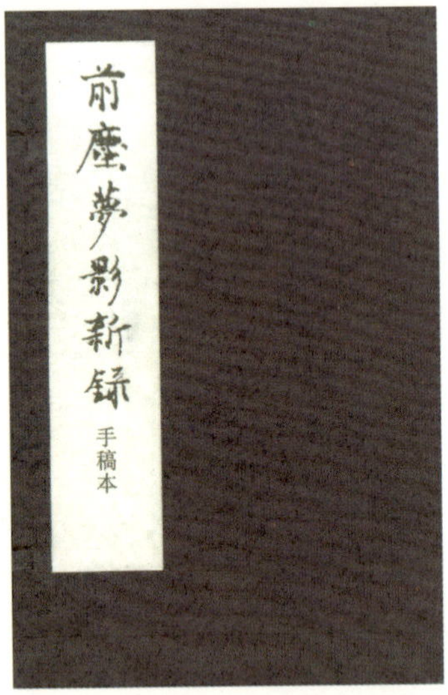

《前尘梦影新录（手稿本）》书影

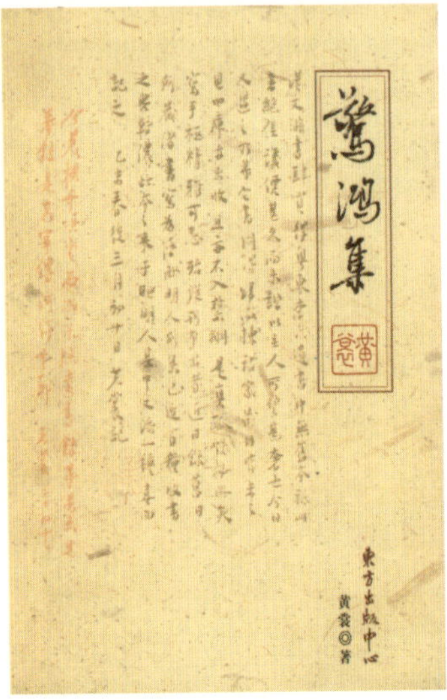

《惊鸿集》书影

同月，《书之归去来》，中华书局2008年1月初版一印，黄裳著。平装，16开本，338页，印5000册。同时印行平装毛边本100册，非卖品。

4月，《劫余古艳——来燕榭书跋手迹辑存》（影印本上下两册一函），大象出版社2008年4月初版一印，列“大象名家珍藏”，黄裳著。线装，12开本，306页，印1000册。

5月，《嗲馀集》，花城出版社2008年5月初版一印，列“花城谭丛”，黄裳著。平装，32开本，344页，印6000册。

同月，《书之归去来》中华书局2008年5月初版二印，黄裳著。平装，16开本，338页，印4000册。

6月，《前尘梦影新录（手稿本）》（影印本四册一函），广西师范大学出版社2008年6月初版一印，黄裳著。线装，16开本，1120页，印500册。

10月，《惊鸿集》，东方出版中心2008年10月初版一印，黄裳著。平装，16开本，145页，印4250册。

2009年（90岁）

1月，《来燕榭少作五种》，生活·读书·新知三联书店2009年1月初版一印，黄裳著。平装，16开本，590页，印8000册。同时印行平装毛边本100册、蓝布面特精装本48册，均为非卖品。

同月，《来燕榭文存》，生活·读书·新知三联书店2009年1月初版一印，黄裳著。平装，16开本，358页，印8000册。同时印行平装毛边本100册、蓝布面特精装本46册，均为非卖品。

同月，《插图的故事》，上海书店出版社2009年1月初版一印，列“海上文库1”，黄裳著。平装，32开本，145页。

6月，《黄裳散文选集》，百花文艺出版社2009年6月三版一印，列“百花散文书系·当代部分”，黄裳著。平装，32开本，405页，印5000册。

7月，《寻找自我》，青岛出版社2009年7月初版一印，列“大家文库”，黄裳著。精装，32开本，431页，印5000册。

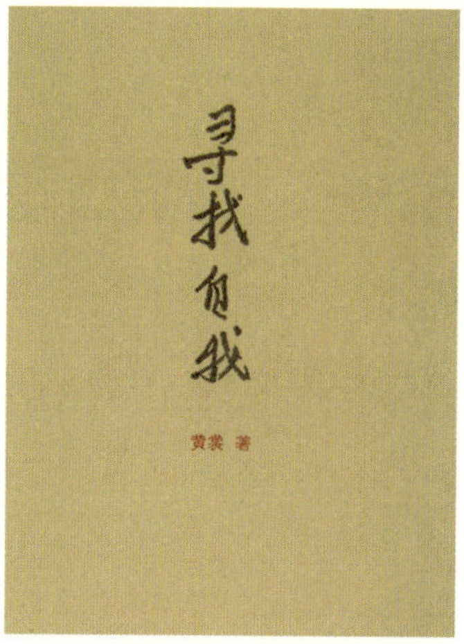

《寻找自我》书影

2010年（91岁）

12月，《书林一枝》，三晋出版社2010年12月第二版，2011年2月第一次印刷，列“当代学者文史丛谈”，黄裳著。平装，16开本，202页，印5000册。

2011年（92岁）

2月，《笔祸史谈丛》，北京出版社2011年2月二版一印，列“大家小书”，黄裳著。平装，32开本，145页，

《笔祸史谈丛》书影

3月，《故人闲话》，江苏文艺出版社2011年3月初版一印，列“黄裳作品系列”，黄裳著。平装，32开本，304页。

同月，《秦淮旧事》，江苏文艺出版社2011年3月初版一印，列“黄裳作品系列”，黄裳著。平装，32开本，315页。

同月，《书香琐记》，江苏文艺出版社2011年3月初版一印，列“黄裳作品系列”，黄裳著。平装，32开本，294页。

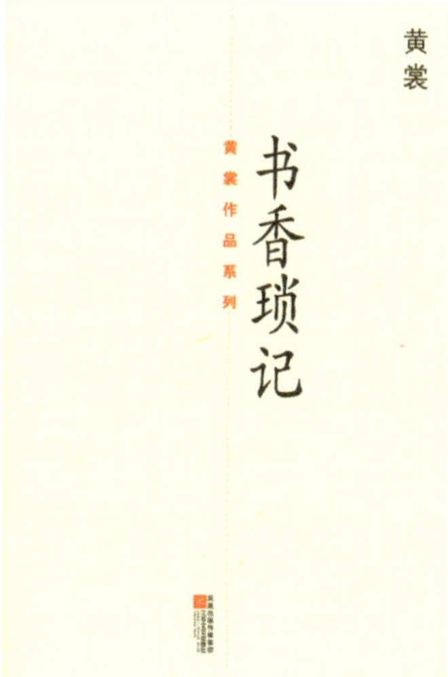

《书香琐记》书影

同月，《我的书斋》，江苏文艺出版社2011年3月初版一印，列“黄裳作品系列”，黄裳著。平装，32开本，313页。

6月，《旧戏新谈》，北京出版社2011年6月二版一印，列“大家小书”，黄裳著。平装，32开本，

230 页。

同月，《来燕榭书跋（增订本）》，中华书局 2011 年 6 月初版一印，黄裳著。精装，32 开本，454 页，印 5000 册。同时印行精装毛边本 200 册，并贴有作者亲笔签名编号藏书票。

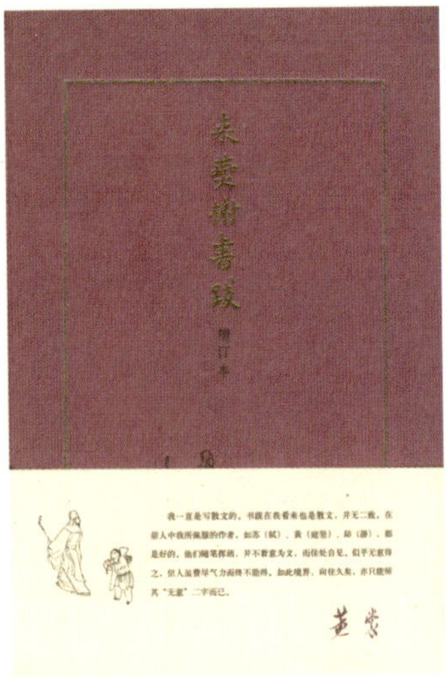

《来燕榭书跋（增订本）》书影

同月，《门外谈红》，上海书店出版社 2011 年 6 月初版一印，列“海上文库”，黄裳著。精装，32 开本，116 页。同时印行精装毛边本 20 册，非卖品。

12 月，《来燕榭文存二编》，生活 · 读书 · 新知三联书店 2011 年 12 月初版一印，黄裳著。平装，16 开本，247 页，印 5000 册。同时印行平装毛边本 100 册，非卖品。

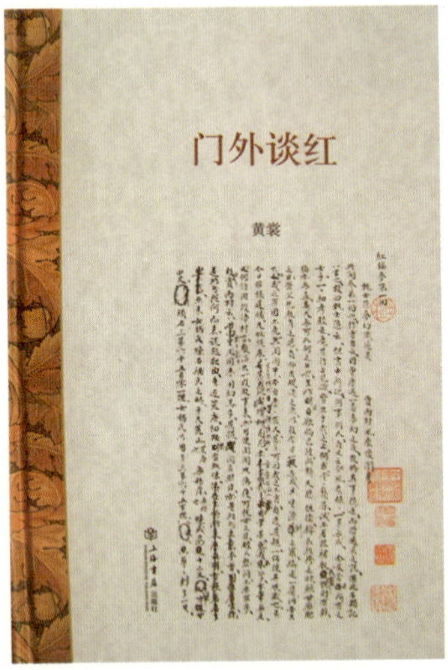

《门外谈红》书影

2012年（93岁）

3 月，《黄裳散文选集》，百花文艺出版社 2012 年 3 月三版一印（编者注：版权如此），列“百花散文书系·当代部分”，黄裳著。平装，32 开本，405 页。

7 月，《纸上翩跹》，上海书店出版社 2012 年 7 月初版一印，列“海上文库”，黄裳著。精装，32 开本，224 页。

8 月，《猎人日记》，上海书店出版社 2012 年 8 月初版一印，〔俄〕屠格涅夫著，黄裳译。平装，32 开本，424 页。

《纸上翩跹》书影

同月，《故人书简》，海豚出版社 2012 年 8 月初版一印，列“海豚文存”第三辑，黄裳著。精装，32 开本，227 页。同时印行精装切花边本 200 册，非卖品。

同月，《如梦记》，江苏文艺出版社 2012 年 8 月初版一印，列“大家散文文存（完美典藏版）”，黄裳著。平装，16 开本，259 页。

9月5日，黄裳先生在上海瑞金医院去世，享年93岁。

2013年

6月，《南国梦》（五幕十景话剧），海豚出版社2013年6月初版一印，列“海豚书馆”，黄裳、黄宗江合著。精装，32开本，96页。

8月，《故人书简》，海豚出版社2013年8月初版一印，列“海豚简装”，黄裳著。平装，32开本，267页。

9月，《绛云书卷美人图——关于柳如是》，中华书局2013年9月初版一印，黄裳著，默当编。精装，分红、绿布面两种，书脊烫金字，32开本，228页，印5000册。同时印行红、绿布面精装毛边本各200册，书脊烫银字（特装本，非卖品）。样书与发售本布面花纹不同，书脊烫银字。

10月，《黄裳读书》，中国社会出版社2013年10月初版一印，列“名家读书系列”，黄裳著，方未选编。平装，16开本，238页。

12月，《古籍稿钞本经眼录：来燕榭书跋题记》，中华书局2013年12月初版一印，黄裳著。平装，32开本，308页，印5000册。同时印行平装毛边本150册，非卖品。

注：黄裳先生自20世纪30年代末期发表作品以来，出版著作及编译、校注作品近300种，著作等身。本书目以编年体例，将黄裳先生著、译、校注作品罗列成目，不仅包含黄裳先生出版著作之通行版本、多印次版本，更包括非卖品如毛边本、特精装本等，并将未经黄裳先生同意而出版之著作（盗版、翻印本），一并收入，特别注明。愿本目有助于同好研究黄裳先生文学成就之用。

《南国梦》书影

《故人书简》书影

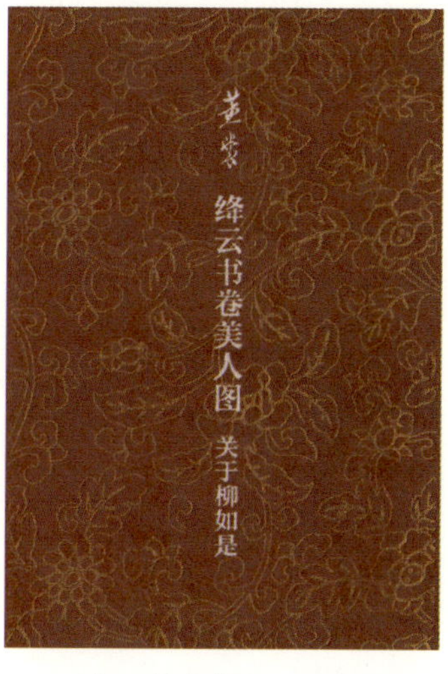

《绛云书卷美人图》书影

后记

黄裳先生走了

晚上饭罢看《新闻联播》，听手机铃响，拿起看时，见书友发来短信，寥寥几个字："黄裳先生走了……"顿时黯然。哀痛之余，连忙上网，打开论坛，见书友已转贴微博消息：

《东方早报》：【黄裳先生走了】黄裳（1919～2012）今天傍晚在上海瑞金医院离世，享年93岁。原名容鼎昌，祖籍山东益都人，满洲镶红旗，当代散文家。1940年入上海交大电机系。1945年至1956年任《文汇报》记者、编辑、编委等职。著有《锦帆集》、《旧戏新谈》、《榆下说书》、《来燕榭文存》、《插图的故事》等。

今年夏历六月十五日，黄裳先生九轶晋四，我曾写信为之祝寿，随信邮寄齐鲁书社出版的《朝花夕拾》毛边本，先生于鲁迅先生著作，最爱就是此书，每逢新版，必购置于身侧。贺寿之馀，尚有些许问题求教，敬请先生解惑，祝愿先生文体双健，椽笔挥洒，为吾等、为这个时代谱写锦绣文章，并与约定相期以茶！书信发出数日，自邮政网查询竟为门房代收，几年来从无这样状况，心中不免惴惴。再过月半，一无消息。自书友处得知先生前期住院，出院后坐轮椅，闭门谢客，更为之担忧，内心期盼先生度过此劫，早日康复。今日消息传来，先生逝去，痛何如哉！

余自幼受家庭传统熏陶，平生所嗜好唯书，古今中外，文学历史，不自量力，无不涉猎。如今年近半百，虽无所成，读书之乐趣自享也。黄裳先生之书话、游记文章，平和散淡，雅致自然，遣词娓娓，挥洒自如，甫一接触，不能释卷，反复展读，如饮琼浆。为先生丰富的知识、广博的见闻、曲折的经历、老而弥坚的精神所折服，

黄裳先生生活照

内心充满敬仰之心，遂发愿专题收藏先生所有的著作，历经寒暑交替，自《锦帆集》始，百多册大作凛凛架上，集先生垂七十年文艺创作之大成，几近完璧。更有期待八月《纸上蹁跹》、《猎人日记》新出，书友之大幸，“黄迷”之大幸。如今书在架上，而先生却驾鹤西行……

读先生之书，如与先生座谈。对先生大作的拜读，随着个人收藏著作数量的增加与阅读质量的提高，先生的文风与轮廓慢慢地丰满与清晰，对先生的景仰亦与日俱增。吾等少年轻狂，社会见闻、生活知识与先生相较如沧海一粟，书中的疑惑渐多，欲求教于先生而不得门径。那年机缘巧合，试投书一封至沪上，奢望与期盼交织，忽得先生回函，心情难用笔墨形容。先生年逾耄耋，仁者寿，降尊纡贵，伏于妆台，椽笔挥洒，不吝为晚辈解惑，书信问候往还，已逾四载。如今信尤在案，而先生却羽化升仙……

汝昌老，著名红学家，考证派主力和集大成者，撰成《红楼梦新证》。先生与周老少年同窗，管鲍之交，同好红学，与周兄比，自谦如门内门外之区别。今年五月，周老先行，先生怆痛中，落笔挥毫六百言，高度褒扬周老治学严谨，著作体大思精，殚精绝力，与人交游，不弃新知，提携后辈，求同存异，唁辞“斯人已矣，虽百身而何赎；故人长往，聊以片言以赠其行”。其人其心，其情其境跃然纸上，数十年深情厚谊发乎笔端，如今声犹在耳，而先生却追随而去……

六年前的6月，先生米寿，华东师范大学中国现代文学资料与研究中心召开“黄裳散文与中国文化”学术研讨会，此为中国大陆首次举办黄裳的作品研讨会。那天先生未能亲到会场，然黄宗江、李济生、邵燕祥、谢蔚明等作家、学者到场，黄永玉、周汝昌写来文章向文坛老友致敬，会后文章结集出版，书名直为《爱黄裳》。早在这年的3月，喜爱黄裳先生著作的书友，自发在天涯网站建立“迷黄裳”博客（http://huangdi218.blog.tianya.cn/），2000多个日子过去，访问量逾百万次，集结书友350多篇文章，今日先生却挥手走了……

“玉玺不缘归日角，锦帆应是到天涯”，先生是一名记者、学者、编剧、散文家、藏书家、版本学家，先生之锦绣文章，在中国文学史上留下厚重的一笔，是中国文学史研究无法绕过的巨著。我与先生书信往还数年，未曾谋面，心底一直惦念着能见先生一面。曾多次设想到府上拜访情景，知道先生不喜言辞，能怀着景仰之心，鞠一躬，合个影，签本书，心愿亦足。随着交往日深，内心中唯恐打扰先生清修愈甚，总是矛盾。

7月末赴上海财经大学听课，拜访念头再起，人言“近乡情怯”，没有成行。未曾想机缘错失，今生无望矣。幸先生英魂未远，肯听晚辈一诉衷肠否？夜深寂静，天上没有月亮，亦不见星星，秋日清冷，细雨飘零，独坐灯下，写下以上文字，为先生送行。

先生一路走好！

晚生　凌济

2012年9月5日深夜